인문학시민강좌 03

근대제국과 만난 인천: 충돌과 변화

인하대학교 한국학연구소 편

인문학시민강좌 03
근대제국과 만난 인천: 충돌과 변화
ⓒ 인하대학교 한국학연구소, 2013 Printed in Incheon, Korea
1판 1쇄 인쇄 ‖ 2013년 05월 20일
1판 1쇄 발행 ‖ 2013년 05월 30일

엮은이 ‖ 인하대학교 한국학연구소
펴낸이 ‖ 홍정표

기획 ‖ 인하대학교 한국학연구소
주소 ‖ 인천시 남구 용현동 253번지 한국학연구소 (5남 138호)
전화 ‖ 032-860-8475
홈페이지 ‖ http://www.inhakoreanology.kr

펴낸곳 ‖ 글로벌콘텐츠
등록 ‖ 제25100-2008-24호
편집 ‖ 노경민 배소정 최민지
마케팅 ‖ 이용기
디자인 ‖ 김미미
경영지원 ‖ 안선영
주소 ‖ 서울특별시 강동구 길동 349-6 정일빌딩 401호
전화 ‖ 02-488-3280
팩스 ‖ 02-488-3281
홈페이지 ‖ http://www.gcbook.co.kr
이메일 ‖ edit@gcbook.co.kr

값 11,000원
ISBN 978-89-93908-70-1 04300
      978-89-93908-12-1 (set)

인하대학교 한국학연구소는 1986년 설립된 이래 어학, 문학, 역사, 철학, 종교, 문화를 중심으로 한국학의 제반 학문분야에 대한 연구를 수행해 왔습니다. 2007년부터는 '동아시아 상생과 소통의 한국학(Koreanology for East-Asia Community)'이라는 아젠다(Agenda)를 가지고 공동연구를 진행하고 있습니다. 우리 연구소는 이러한 아젠다를 인천지역 시민과 소통하기 위해 연구소의 연구역량을 모아 2009년 하반기부터 〈인천시민인문학강좌〉를 시작하였습니다. 본 강좌는 우리 연구진의 비판적 문제의식을 제시하고 시민과 함께 호흡하면서 인문학의 사회적 소통을 도모하고자 기획한 것입니다.

이번에 내놓는 〈인문학시민강좌 03〉은 2012년도 하반기에 "근대제국과 만난 인천: 충돌과 변화"라는 주제 아래 진행된 총 8강의 내용을 수정, 보완하여 묶었습니다. 이 기획은 〈인천시민인문학강좌〉를 운영하는 네 분야(인문학, 한국학, 동아시아, 인천학) 가운데 인천학에 해당됩니다.

　　수도 서울로 들어가는 길목에 위치한 인천지역은 그 지
정학적 특성 때문에 19세기 후반 근대제국과 부딪치는 최
전선이었으며, 이에 한국사회의 '근대' 전개의 순順·역逆을
결정짓는 주요 역할을 하였습니다. 아울러 개항 이후 서구
근대 문물(문화·문명)이 흡입·변이되는 최전선이 또한 인천
이었기에 그 변화 양상은 다대했습니다. 따라서 근대제국
의 침략과 문명이라는 양면과 만난 인천 지역사회 및 지역
민의 '충돌'과 '변화'를 다각적으로 살펴보는 작업은 매우
적절하다 할 수 있습니다.

　　이 책은 크게 '근대제국과의 충돌'과 '개항 이후 인천사회
의 변화' 두 부문으로 구성되었습니다. '충돌'에서는 병인
(1866)·신미(1871) 양요洋擾에서 불佛·미美 두 점령자의 시선과
강화 주민의 반응(이영호), 인천 군관이 기록한 『소성진중일
지邵城陣中日誌』를 통해본 신미양요의 이모저모(배성수), 일본
이 운요호 사건(1875)을 감행한 배경 및 의도(김흥수) 등을,
그리고 '변화'에서는 개항기 서양 지식인들의 인천지역과

한국사회 인식(김백영), 한국교통사의 상징적 의미를 지닌 경인로京仁路의 개항 이후 변화 양상(김종혁), 개항기 화교華僑 사회가 인천에 형성되는 과정 및 변화 양상(김태웅), 개항 이후 일본식 지명이 인천에서 생성·확산되는 양상 및 잔재(전종한) 등을 담았습니다. 이밖에 이번 과정 중에 '충돌'의 현장인 강화도를 답사하는 프로그램을 진행하여 수강생들의 높은 호응이 있었는데, 답사 강의를 맡았던 유창호의 답사기를 이 책의 마지막 부문에 수록하였습니다. 이 글은 병인·신미 전적지인 강화도의 역사상을 다시 한 번 생각해 보게 할 것입니다.

이 책의 기획과 간행의 모든 과정은 본 연구소의 임학성 교수가 맡았으나, 강좌가 성공적으로 개설된 데에는 인천 광역시립박물관과 경인일보사와의 협력체계가 없었으면 불가능하였습니다. 두 기관의 기관장께 감사드리며, 특히 강좌 진행을 위해 애써준 본 연구소의 박성수 연구원, 인천 광역시립박물관의 안성희 학예사, 강좌 내용을 정확히 정리 보도해준 경인일보사의 정진오 기자께도 감사의 말씀을 전합니다.

아울러 어려운 출판 상황에서도 인문학 발전에 기여하고 자 하는 일념으로 꾸준히 〈인문학시민강좌〉를 출판해 주는 글로벌콘텐츠 홍정표 사장님과 편집팀에게도 감사를 드립니다.

모쪼록, 이번 교양총서가 인천학 탐구의 갈증을 해소하고 더 나아가 인천학 정립에 일조할 수 있기를 기대합니다.

2013년 5월

인하대학교 한국학연구소

소장 이 영 호

contents

점령자의 시선과
주민의 반응

이영호

서울대학교 인문대학 국사학과를 졸업한 뒤, 같은 학교 대학원에서 석사와 박사학위를 받았다. 현재 인하대학교 인문학부 사학전공 교수 및 한국학연구소 소장으로 있다. 『한국근대 지세제도와 농민운동』, 『동학과 농민전쟁』 등의 저서와, 「월미도가 경험한 근대의 세계」, 「인천 개항장의 한국형 매판, 서상집의 경제활동」, 「하와이 이민과 인천」 등 인천근대사에 관한 다수의 논문이 있다.

점령자의 시선과 주민의 반응

: 19세기 후반 서양함대의 강화도 침공을 중심으로

　　인천지역의 전쟁은 전근대에는 강화도에서, 근현대에는 인천해역에서 일어났다. 고려는 몽골의 침략을 피하여 수도를 강화도로 옮겨 저항하고, 조선은 청의 침략을 피하여 강화도로 들어갔다가 정부와 왕실, 그리고 강화도 주민이 희생을 치렀다. 강화도를 중심으로 전면전쟁을 한 것이 아니라 강화도는 피난처로 기능한 것이다.

　　일본의 침략 이후 강화도는 피난처, 보장지保障地로 인식되었다. 특히 숙종은 강화도를 유사시 정부와 왕실이 피난 갈 보장지로 보고 방어체제를 갖추었다. 강화도 해안선을 따라 외성外城을 쌓고 요충지에 돈대墩臺와 진보鎭堡를 설치하였다.

　　조선전기에는 목장의 관리와 목자牧子들이 강화도의 주민

을 구성했지만, 조선후기에는 강화도가 보장지가 되어 진무영鎭撫營과 진보 및 돈대에 군인이 배치되고, 목장을 폐지하는 대신 갯벌을 간척하여 농업을 장려하니 농민이 주민의 다수를 차지하고 강화학파 등 사족들도 들어왔다. 인천, 부평, 김포, 풍덕, 배천, 연안 등 인근의 주민들은 방어군에 편입되어 유사시 강화도로 파견되어 수성하는 역할을 맡았다.

강화도에서 일어난 전란을 국난극복의 관점에서 인식하는 경향이 많고 정작 인명을 희생당하고 삶의 터전을 상실하게 된 '지역의 주민'에 대해서는 무관심하다. 이 글에서는 '지역'과 '주민'에 초점을 두어 19세기 후반 서양함대의 침공에 대해 논의하고자 한다.

조선정부가 강화도를 보장지로 삼아 방어체제를 구축했지만 이후 강화도는 200여 년의 평화 속에 방어체제가 이완되었고, 급기야 프랑스와 미국의 함대가 해양으로부터 강화도 쪽으로 공격해 오는 사태를 맞게 되었다.

19세기 후반 프랑스와 미국함대의 강화도 점령사건에 대해서는 '병인양요丙寅洋擾'(1866), '신미양요辛未洋擾'(1871)라 명명되어 왔다. 즉 '서양 오랑캐의 소란'이라는 뜻이며 조선은 서양 오랑캐를 성공적으로 격퇴하였다는 의미를 내포하고 있다. 이 사건에 '전쟁'의 개념을 사용하는 견해도 없지 않으나 전쟁을 위한 선전포고나 국가간 전면전쟁의 양상을 보인 것은 아니다. 여기서는 '서양 함대의 침공'이라고 표현하였다.

서양함대의 침공이 '지역의 주민'에게 어떤 의미가 있을 것인지 확인해 볼 수 있는 자료는 거의 없다. 남겨진 기록은 지배자 또는 점령자의 것이 대부분이다. 지배자의 기록으로 민중의 실상을 파악하고 점령자의 기록을 통해 지역 주민의 태도와 반응을 포착하지 않으면 안 된다.

마침 프랑스와 미국함대의 일원으로 강화도 전투에 참여한 점령자의 기록이 확인된다. 실제 전투에 참가한 장병들은 외교적, 군사적 관점과는 다른 시선을 지녔을 것으로 보고 그들의 참전기를 읽어보려 한다. 프랑스군 장교후보 쥐베르(Henri Zuber, 1844~1909)의 체험기와 그림, 미국 해병대위 틸톤(McLane Tilton, 1836~1914)의 편지와 종군기자가 찍은 사진기록을 살피기로 한다.

1. 프랑스와 미국함대의 침공

1866년 프랑스함대의 조선침공은 조선정부의 천주교도 박해를 직접적인 배경으로 한다. 1866년 대원군은 천주교에 대한 강경한 탄압조치를 취하여 9명의 프랑스 신부를 비롯하여 수천 명의 천주교도들을 처형하였다. 탈출한 리델

(Felix-Clair Ridel) 신부가 텐진天津의 로즈(Pierre Gustave Roze) 프랑스 함대사령관을 찾아가 박해의 사실을 알렸다. 이에 로즈 함대는 조선인 천주교 신자의 안내를 받아 3척의 군함을 편성하여 1866년 양력 9월 18일부터 10월 3일까지 조선의 서해안 일대의 수로와 경비상황을 점검하는 1차 조선침공에 나섰다. 이때 인천 앞바다의 월미도를 로즈섬이라 명명하였다. 염하를 거쳐 한강을 거슬러 올라가 서강에까지 들어와 정찰을 하였다. 1차 침공에서 탐색을 마친 로즈함대는 10월 11일, 6척의 함선, 1,500명의 병력으로 재차 침공해 왔다. 프랑스함대는 10월 16일 강화부를 점령하여 한강을 봉쇄하고, 10월 26일 통진부의 문수산성을 점령하였다. 그러나 11월 10일 정족산성에서 순무巡撫 천총千總 양헌수梁憲洙 부대와 전투를 벌여 패한 뒤, 11일 강화도에서 철수하고 21일 조선해안을 떠났다. 프랑스군은 강화유수부 외규장각의 의궤와 은화를 탈취하여 본국으로 보냈다.

프랑스함대의 침공 이후 1867년 덕진진에는 '海門防守他 國船愼勿過(바다로부터 들어오는 관문을 막아 지키니 외국의 배는 절대로 통과하지 말라)'라는 비석을 세워 외국배가 강화도 염하를 통하여 한강으로 진입하는 것을 금지하였다.

1866년 8월 미국상선 제너럴 셔먼호가 대동강에서 통상을 요구하다가 방화되어 선원 24명이 사망한 사건은 1871

년 미국이 강화도를 침공하는 빌미가 되었다. 미국은 이를 계기로 포함외교砲艦外交의 방식으로 조선을 개국시키고자 하였다. 미국 아시아함대사령관 로저스(John Rodgers)는 군함 5척에 1,230명의 병력을 이끌고 1871년 양력 5월 19일 남양만으로 침투하였다. 미국함대는 수로를 탐사하면서 작약도, 월미도로 올라왔다. 6월 10일 미국 상륙부대가 초지진, 덕진진을 점령하고, 광성보에서 진무영 중군中軍 어재연魚在淵 부대와 치열한 전투를 벌인 끝에 수자기帥字旗를 빼앗고 성조기를 내걸었다. 전투의 승리에도 불구하고 미국은 조선의 개국에 성공하지 못하고 7월 3일 철수하였다.

프랑스함대의 침공 이후 대원군이 추진해왔던 척화비斥和碑 건립은 미국함대의 침공 중 국내의 화평론을 물리치는 방편으로 활용된 뒤 서울 종로, 강화도, 부산진 등지에 세워졌다. '洋夷侵犯 非戰則和 主和賣國 戒我萬年子孫 丙寅作 辛未立(서양 오랑캐가 침략하여 올 때 싸우지 않으면 화해하는 것인데 화해를 꾀하는 것은 나라를 팔아먹는 일이니 우리 자손만대에 이를 경계하노라. 병인년에 짓고 신미년에 세우다)'라는 문구를 새겨 반서양 정책을 전국에 선포하였다.

프랑스와 미국함대의 인천 앞바다 및 강화도 침공은 강화도 보장지 개념을 무력화 시켰다. 그것은 한반도의 남북을 가로지르는 된 중화체제의 붕괴를 뜻하는 것이기도 하였다.

2. 점령자의 시선

'돌팔매질'과 '떼죽음을 당한 돼지떼'

1871년 미국함대의 강화도 점령에 앞장선 해병대 대위 틸톤의 전투보고서와 부인 나니에게 보낸 편지를 통해 점령자의 시선을 엿볼 수 있다.[1]

1871년 미국함대는 초지진을 공격했다. 이어서 덕진진을 쉽게 점령했고 천연의 요새인 광성보에서는 좀 치열한 전투를 벌였다. 미군은 염하에서 함포를 쏘는 한편 해병대가 끌고 올라간 야전포로 광성보의 포대와 손돌목돈대, 용두돈대의 조선군을 포격하여 초토화한 뒤 육전대가 올라가 조선군과 육박전을 벌였다. 미군의 손돌목돈대에 대한 포격으로 인해 조선 수비군 40~50여 명이 사망했다.

손돌목돈대가 미군에 의해 점령될 당시의 상황을 틸톤은 다음과 같이 보고했다.

포격은 수분 동안 말하자면 한 4분 정도로 계속되었는데 그동안 조선 진지로부터 침울한 노랫소리가 들려왔다. 그들의 임전태세는

---

1) Naval Historical Foundation Publication, *Marine Amphibious Landing in Korea, 1871.* Compiled by Miss Carolyn Tyson, Series 2. No.5, 1966에 수록된 틸톤 (McLane Tilton)의 편지(김원모, 『근대한미관계사: 한미전쟁편』, 철학과현실사, 1992, 부록2. 「틸톤의 강화도 참전수기」)

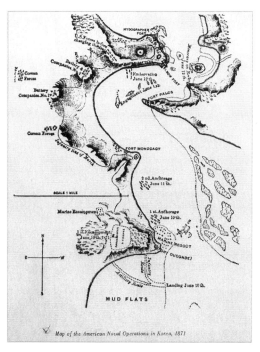

〈그림 1〉 미군의 작전지도(초지진, 덕진진, 광성보)

대단히 용감한 것처럼 보였고, 조선 수비병은 아무런 두려움 없이 흉장 위로 상체를 노출시킨 채 항전하고 있었다. 미군 소부대가 가파른 협곡을 내려가면서 광성보로 일보일보 접근해 들어갔다. 광성보를 수비하던 조선 수비병 수명이 흉장 위로 올라서서 돌격해 들어오는 미군에게 돌팔매질을 하면서 한동안 항전의 절규소리가 울려 퍼졌다(「틸톤의 강화도 참전수기」).

광성보의 손돌목돈대는 중군 어재연이 지키던 진무영의 본부다. 미군의 포격으로 포대가 무너지고 동료들이 처절하게 사망하는 모습을 본 조선군 병사들은 죽음을 애도하는 만가輓歌와 같은 슬픈 노래를 불렀다. 그러나 그럴 사이도 없이 미군이 돈대로 기어 올라오자 일제히 총격을 가했지만 탄약을 장전할 시간이 없을 정도로 미군이 밀려들자 '돌팔매질'로 최후의 항전을 했던 모습이 처절하게 묘사되어 있다.

당시의 사정을 다른 기록에서 살펴보자.

조선군은 반격하기 위하여 탄약을 갈아 넣을 시간 여유도 없었다. 그들은 흉장으로 기어 올라와서 돌을 던져 미군의 진격을 저지하려 했다. 그들은 창과 검으로 공격했다. 그러나 대부분 무기도 없이 맨주먹으로 싸웠는데, 모래를 뿌려 미국 침략군의 눈을 멀게 하려 했다. 그들은 끝까지 항전하였고, 수십 명은 탄환에 맞아 강물 속으로 뒹굴었다. 부상자의 대부분은 해협으로 빠져 익사했다. 어떤 자는 목을 찔러 자살하거나 스스로 강물에 뛰어들었다.[2]

조선군은 모래를 뿌리는 등 미군과 육박전을 벌이다가

---

2) 김원모, 앞의 책, 471쪽.

총에 맞고 강물에 빠지고 자살했다. 로저스 함대사령관은 "이 싸움은 분격憤激의 전투였다"고 기록했다. 여기서 조선 군은 243명이 전사한 반면 미군은 3명이 전사했다.

〈그림 2〉 어재연 부대의 순절장면

틸톤은 자기 아내에게 다음과 같이 속마음을 털어놓았다.

나는 조선 요새지(광성보)에서 끔찍한 장면을 보았단 말이야. 조 선 수비병 몇 사람이 숯덩이처럼 불에 새까맣게 타버린 채 그 근처 에 떨어진 미군이 쏜 9인치 포탄의 폭파로 시체가 산산조각이 나버 렸단 말이오. 우리 함정의 후갑판보다도 크지 않은 좁은 지면에 쌓 인 조선군 시체만도 무려 40구나 되었고, 이들 시체의 대부분은 필시 흉장 너머로 내다보다가 머리에 총탄을 맞아 죽은 자가 대부분이었소. 그런데다가 그들이 입은 옷은 모두 흰옷이었고, 흰옷에 붉은 피가 물들여져서 적백색이 더욱 두드러진 대조를 이루었소. 조선군 모두는 돼지처럼 피를 흘리며 죽었고, 우리는 아마 한 시간 동안에 조선군 200여 명을 죽인 것 같소. 내가 목격한 시체는 단지 50구뿐이었는데, 이상하게도 떼죽음을 한 시쳇더미를 바라보았을 때 나는 떼죽음을 당한 돼지떼를 바라보는 것 이상으로 그다지 나를 감동시키지 못했거든(「틸톤의 강화도 참전수기」).

미군의 함포와 야전포의 포탄으로 그리고 미군의 총격으로 손돌목돈대가 초토화되어 조선군 40여 명이 사망한 광경이다. 틸톤은 어재연 장군을 비롯한 지휘부의 순절한 장면에서 '도살당한 돼지더미'를 연상했다. 전쟁의 광기에 감정이 무감각해진 모습이다. 틸톤과 같은 사람을 그리피스(William E. Griffis)는 '전쟁을 기분풀이로 간주하는 사람들'의 범주에 속한다고 했다.

'즐거운 소풍'

1866년 프랑스의 해군소위 후보로서 한강수로 탐사와 강화도점령의 군사작전에 참전한 앙리 쥐베르는 자신의 경험을 그림과 함께 1873년 르 투르 뒤 몽드(Le Tour du Monde)

제25호에 '조선원정기(Une Expédition en Corée)'라는 제목으로 기고했다.[3)]

　프랑스 해군이 강화유수부 내성을 점령했을 때 쥐베르는 '마을의 독특한 정취'에 매혹 당했다고 썼다.

　　비에 씻긴 뒤 햇살 아래서 은처럼 반짝이는 초가지붕들은 동헌의 붉은 색이며 논과 숲의 초록과 강렬한 색의 대비를 이루는가 하면, 한쪽에서 쪽빛 하늘을 뒤로 한 두루뭉술한 산들이 따뜻하고 맑은 색조로 화려한 산세를 그려내고 있을 때 다른 한쪽에서는 바다를 따라 짙은 수평선이 그려져 있었다(「쥐베르의 조선원정기」).

　쥐베르는 초가지붕과 강화유수부 기와집의 색의 대비, 따뜻하고 맑은 색조의 산과 쪽빛 하늘과 맞닿은 수평선에 감동했고 그것을 화폭에 담았다.

---

3) Henri Zuber, "Une Expédition en Corée", *Le Tour du Monde*, 25, 1973(유소연 옮김, 「쥐베르의 조선원정기」, 『프랑스 군인 쥐베르가 기록한 병인양요』, 살림, 2010). 이보다 앞서 쥐베르는 *L'Illustration* 1867년 1월 19일, 1월 26일자에 이미 "Expédition de Corée"라는 기고문과 그림을 게재했다(『145년만의 귀환, 외규장각 의궤』, 국립중앙박물관, 2011, 224~227쪽).

〈그림 3〉 쥐베르의 강화부 전경 그림

　그는 강화부 건물들의 건축양식도 "매우 우아하고 아름
답다"고 했다. 전등사(傳燈寺)의 탱화를 보고는 "내가 극동의
국가들에서 보아 온 그림들 가운데 가장 뛰어난 작품 중의
하나"라고 극찬했다. 전투경과보다는 조선의 풍물을 목격
하고 그것을 자신의 감성을 통해 주관적으로 평가하는 글
을 썼던 것이다.

　강화도에서의 경험을 쥐베르는 다음과 같이 추억했다.

　　나는 강화도에서의 그 즐거운 소풍들을 아주 오래오래 추억하리
라. 날씨는 언제나 말할 수 없이 청명하고 공기 속에는 물기가 살짝
스며 있으며 찬란한 햇빛이 논밭과 숲으로 가득 쏟아져 내리는데,
빛에 잠긴 숲에 바람이 일면 노란 낙엽들이 바람에 실려 일렁이곤

했다. 사실 이러한 풍경 외에 다른 볼거리가 있었던 것도 아니었다 (「쥐베르의 조선원정기」).

예술가적 감수성을 지닌 쥐베르는 긴박한 군사적 점령의 공간을 초월하여 아름다운 '풍경'을 만끽했고, 이를 '즐거운 소풍'으로 추억했다. 그가 그린 '강화부의 전경'은 강화부를 포격할 준비를 갖춘 대포까지 그려 넣었음에도 불구하고 아주 목가적이다. 그는 해군에서 제대한 뒤 본격적인 화가의 길을 걸어 풍경화가가 되었다.

쥐베르는 제국주의의 아시아 침략을 상당히 신랄하게 비판하기까지 했다.

유럽의 국가들이 처음 접촉하는 이국의 국민들에게 폭력을 드러내고 횡포한 요구를 주장하는 일이 너무 빈번하다. 일단 그 나라가 아직 전신기를 갖지 못했고 또 그들 문명의 본원이 우리의 그것과 다르면, 우리는 그들이 입는 폐해를 감안하지도 않고 주민들의 모든 권리를 침해하는 것이 마치 우리에게 허락된 줄로 생각한다. 특히 순수하고 고양된 교의의 이름으로 피를 쏟게까지 하는 것은 참으로 가슴 아픈 일이다. 더군다나 교의란 본질적으로 속칭 '무력'이라고 명명되는 이 슬프고도 의심스러운 설복수단의 힘을 빌려서는 결코 안 되는 것이 아닌가. 하여튼 현재의 상황을 미루어 볼 때 조선은 머지 않아 자발적으로든 아니면 강압에 의해서든 서양국가들과의 통상에 문호를 개방하게 될 것이다. … 우선 세계 곳곳 온갖 분야에 침투하고 있는 유럽의 영향을 보면서 어느 정도 아쉬움을 느끼지 않을 수 없으리라. 분명 문명과 과학은 세계에 널리 파급되어야 할 그 무엇인 것은 분명하지만 그와 동시에 그 나라 국민의 개성이 희석되고 고유성이 사라질 염려가 있으니까(「쥐베르의 조선원정기」).

프랑스나 미국이나 모두 야만의 나라를 개방하여 종교의 자유로운 전파가 가능하고 항구에 선박이 기항할 수 있는 조약을 맺기를 원했다. 그것은 결국 제국주의의 침략의 길로 향하는 것이었다. 프랑스나 미국이나 조선침공에도 불구하고 기대했던 성과를 거두지 못한 채 철수했다. 쥐베르는 서양국이 이국의 국민에게 폭력을 행사하며 주민의 권리를 침해하는 것을 허락받은 것처럼 생각하는 것은 잘못이라고 생각했다. 무력으로 종교의 자유를 설복하는 모순을 지적했다. 조선은 자발적이든 강압적이든 서양국가들과 통상수교가 불가피할 것이지만, 서양의 영향이 끼칠 부정적인 측면을 인식했다. "분명 문명과 과학은 세계에 널리 파급되어야 할 그 무엇인 것은 분명하지만 그와 동시에 그 나라 국민의 개성이 희석되고 고유성이 사라질 염려"가 있다는 점을 우려했다.

군인의 삶으로 시종했던 틸톤과 예술가의 길을 걸어간 쥐베르의 상반된 시선을 통해 프랑스와 미국의 조선침공의 공개된 기록 이면에 숨겨진 시선의 다양성, 그 일단을 엿볼 수 있다.

3. 주민의 반응

문화적 접촉

19세기 내내 서해 연안에 이양선異樣船이 등장했지만 무력 충돌은 일어나지 않았었다. 조선의 지방관은 내항 목적을 문정하고 식수나 식료품 등을 필요에 따라 제공했다. 따라서 프랑스와 미국 함대가 침공했을 때에도 그 목적을 탐문할 뿐 조선은 적대적 태도를 보이지 않았다. 주민들도 호기심에 가득 차 구경할 뿐 처음에는 공포를 느끼지 못했다.

1866년 9월 22일 프랑스 함대가 처음 수로를 측량하면서 강화도의 염하로 들어갈 때 연안에 모여든 조선인을 보면서 쥐베르는 조선 주민의 생각을 다음과 같이 읽어냈다.

사방에서 몰려온 조선인들이 산꼭대기에 모여 물살을 거슬러 올라오는 우리의 괴력의 기선들을 감탄과 두려움이 섞인 시선으로 뚫

어지게 쳐다보았다. 이제껏 그 어떤 배도 감히 하류와 맞서 거슬러 올라온 적이 없었을 것이다. 세계로부터 자처해서 고립되어 살아가면서 그 안에서 자신들만의 과장된 사고를 키우고 있는 이 나라 백성은 유럽과학의 기발한 산물 하나가 느닷없이 자기네들 눈앞에 나타나자 야릇한 생각이 들지 않을 수 없었을 것이다(「쥐베르의 조선 원정기」).

나룻배나 범선으로 힘겹게 강을 건너던 조선인의 눈에는 증기기관으로 조류를 거슬러 올라가는 서양함대의 모습을 가까이에서 보고 서양 과학기술에 대한 '감탄과 두려움'의 이중적인 감정을 느꼈을 것으로 쥐베르는 생각했다.

한강으로 접어든 프랑스 함선 두 척이 9월 24일 김포 석곡에 이르렀을 때 조선 주민들이 주체적으로 프랑스 함선에 접근했다. 프랑스 함대사령관 해군 소장 로즈(Pierre Gustave Roze)는 다음과 같이 이 광경을 보고하고 있다.

조선선박 한척이 강에서 뱃전으로 향해 왔습니다. 처음에는 경계하던 조선인들이 곧 대담해져서 배에 올라올 허락을 청했습니다. 그들은 어린이들처럼 호기심에서 도처를 바라보며 그들이 보는 것은 무엇이든 만져보고 우리의 안경과 코안경을 들고 웃음을 터뜨리며 어린이처럼 기뻐하며 보려 하였습니다. 그들은 즐거워 보였지만

언제나 그들의 관장 때문에 아주 겁이 많았습니다.[4]

로즈는 어린이 같은 조선인들의 낙천적인 호기심을 보았다. 정부와 문정의 책임을 진 지방관이 막지 않는다면 주민들은 외국인과 이양선에 접촉하는 것을 꺼리지 않았다. 이미 천주교 신부를 통해 조선에서 천주교가 성공적으로 뿌리내리고 있는 사실에서 조선인들이 외국문물에 대해 폐쇄적이지 않다는 점을 알고 있었다. 로즈는 프랑스함대가 조선에 도착하면 천주교 신자들이 떼를 지어 몰려올 것으로 생각하기까지 했다.

같은 시기 정박지인 작약도에 머물던 기함 프리모게호도 조선주민들에게 함선을 개방했다. 9월 25일 관리 한명과 주민 40여 명이 큰 범선을 타고 접근했다. 당시 전쟁 상태가 아니었기 때문에 프랑스군은 승선을 허락했다. "주민들은 순진한 호기심으로 대포, 밧줄, 해양 나침반 등을 이리저리 살펴보고 마스트의 굵기 앞에서 넋을 잃"었다. 조선인은 "波高를 측량하기 위해서 사용하는 기구들을 호기심에 차서 만져보기도 하고 두려움과 선망 어린 시선으로 바라보기도 했다."

---

4) 한국교회사연구소역, 「한불관계자료(1866~1867)」, 『교회사연구』 제2집, 1979, 218쪽.

방문 목적을 월식 관측이라고 둘러댄 프랑스군은 "군함 전체를 구경시키며 조선인 관리의 근심을 덜어주려고 애" 썼다. 조선인 관리는 기계에 관심을 보였다.

그는 기계에 관심을 두어 기계를 돌리려면 남자가 몇 명이나 필요한지 물어왔다. 우리는 그를 이해시키려고 갖은 노력을 다 쏟았지만 압축된 수증기는 어마어마한 힘을 발휘하기 때문에 그것이 사람의 팔보다 훨씬 낫다는 것을 이해시킬 수는 없었다. 상대가 아무리 관장이라 할지라도 그에게 과학지식을 쉽게 이해시키기란 그리 쉬운 일은 아니다(「쥐베르의 조선원정기」).

이런 접촉을 통해 프랑스군은 장차 침공할 곳의 주민을 관찰하고 전략을 세울 수 있었다. 조선인은 온순한 성품을 지니고 검소한 생활을 하며 날렵하고 문자를 해독할 수 있다는 사실을 그들은 알게 되었다. 순진한 조선인들은 앞으로 전쟁을 치러야 될 것을 예상치 못하고 답례로 거대한 부채와 황소를 선물하는 선량한 마음을 보였다. 서양인들도 조선인에게 그들의 물건을 선물로 주었다. 양초, 손거울, 칼, 과자, 놋쇠단추, 옷, 유리병 등을 선물했는데, 조선인은 유리병을 신기하게 보고 값진 물건으로 여겼다.

역관들도 함선 내부를 두루 구경하는 호사를 누렸다. 서양요리를 먹고 바스 맥주를 마셨다. 그리고 기념사진 촬영을 했다. 조선인 최초의 사진촬영이었다. 그 중의 백미는 조선인 한사람이 빈 술병 한아름을 안고 미소 짓는 유명한 사진이다.

〈그림 4〉 문명의 문턱을 넘다

이 사진에 대해 그리피스(William E. Griffis)는 다음과 같이 설명한다.

그들 가운데 한 사람이 뚜껑 없는 바스(Bass) 맥주 한 다스와 보스톤 발행 삽화신문 'Every Saturday'를 들고 서자, 상투적인 사진사의 외침이 들려왔다. "즐거운 표정을 지으세요. 오른쪽으로 고개를 돌리고 여기를 보세요". 그는 시키는 대로 잘 따라했고 그 결과 그

아슬아슬한 순간에 만면에 웃음기 띤 사진을 남겼다. '우리를 찾아온 최초의 조선 방문객'은 지면을 통해 우리 앞에 서 있다. 이 얼마나 기이한 우연의 일치인가! 기독교 국가의 주요한 상징물들이 기묘하게 뒤섞여 있지 않은가! 조선인에게 처음 준 물건은 독주, 맥주, 그리고 포도주였다. 그림을 보면 도수 낮은 빈 술병들에서 붉은 삼각형의 상표가 분명히 드러나 있다. 곧 "문명의 문턱을 넘고 있다". 그러나 술병들을 움켜쥐고 있는 두 손 뒤에는 'Every Saturday'가 들려 있는데, 그 일면에는 Charles Sumner의 사진이 실려 있다. 그는 박애주의의 최고의 지도자로서 "국가는 개인과 마찬가지로 도덕적 책임을 가지고 행동해야 한다"는 원리를 옹호한 인물 아닌가?[5]

사진의 주인공은 상투바람인 채 두루마기는 없고 긴 담뱃대를 쥐고 다리에는 행전行纏을 친 조선 하급 아전의 전통적 행색인데, 가슴에는 빈 술병 한아름을 안고 손에는 신문한 장을 들고 있다. 그는 여러 가지 서양 술을 맛본 것 같고 아마도 방문객들이 비웠을 빈 병들을 들고 사진을 찍었던 것 같다. 그 술병에는 팔기 위해 대량 생산한 상품의 상표가 선명하다. 그리피스는 이 사진을 삽화로 그려 책에 싣고 "문명의 문턱을 넘다"라는 표현을 설명문으로 선택했다. 전

---

5) William E. Griffis, *COREA The Hermit Nation*, p.408.

통적인 조선인과 자본주의 문명의 접촉을 의미한다.

이 사진은 또 다른 의미를 지닌다. 조선인이 들고 있는 신문은 보스턴의 삽화신문 'Every Saturday'인데, 마침 그 일면에 메사추세츠주 출신 섬너 상원의원의 사진이 실렸다. 그는 노예제 반대운동의 최고의 지도자일 뿐 아니라, 미국의 텍사스 병합과 멕시코 전쟁도 반대했다. 국내적으로 인권을 옹호하고 대외적으로 제국주의 전쟁에 반대했다. 국가에 대해서도 개인과 같은 도덕적 책임감을 강조했다. 섬너는 미국함대의 대외 침공을 비판했는데 그는 조선인의 손에 들려 무엇을 외치고 있는가? 그가 미국 내에서도 보수파들에게 수난을 당한 것처럼 미국함대의 해외 원정 중에도 조롱을 당하고 있는 것이 아니겠는가? 호기심 많은 피점령지 주민들은 문명수용과 외세침공의 이율배반을 이해하고 대처할 수 있는 자각이 필요한 시점이다.

관민官民의 연대

전쟁이 터지자 주민들은 공포에 떨었고 생존을 위해 피난에 나섰다. 1866년 10월 3일 군함 7척의 프랑스함대가 강화도의 갑곶으로 상륙하고 강화성 남문으로 포격을 가하면서 직접 침공해 들어오자 주민들은 집이며 가축이며 재산을 모두 내동댕이치고 달아났다. 강화부성을 점령하자 노인들을 제외하고 주민들 대부분 도망가고 여자는 한 명도 남아 있지 않았다.

양헌수 부대는 덕포진에서 덕진진으로 도하하여 정족산 성에 진지를 구축했다. 이때 주민들이 바친 소 12마리 가운데 검은 소 한 마리를 제물로 삼아 산신제를 지냈다. 제문은 다음과 같다.

삼가 생각하건대 심도(沁都)에 산이 있으니 정족산이로다. 삼랑(三郞) 유적이니 오직 신이 영험하도다. 나라에서 진(鎭)을 삼아 백성이 의지하는 곳이로다. 슬프다. 저 서양 오랑캐여 사람 축에 들지 못하도다. 임금도 없고 아비도 없이 오직 색이나 돈만 좋아 하도다. 하늘이 싫어하고 사람이 싫어하는데 어찌 한 시각인들 머무느냐 무단히 난리를 일으켜 우리나라를 침범하여 강도(江都)의 일경이 먼저 독을 받았도다. 울면서 달아나고 놈들의 약탈은 잔혹하였도다. 임금이 가서 정벌하여 저 백성 구하라 명하였도다. 출사한지 한 달에 작은 배가 천리를 연하였도다. 바다를 사이에 두고 바라보니 명산이 갑자기 맞이하는 도다. 여기가 의탁할만하다 말하고 건너와서 군사를 숨겼도다. 신의 도움이 진실로 민국(民國)에 있도다. 저들의 잔인한 것을 보고 성냄으로 응하였도다. 묵묵히 도움을 주어 쾌하게 섬멸하였도다. 맛있는 음식 바치오니 흠향하옵소서.6)

산신제는 신령에게 비는 것이기도 하고 군령을 다잡는 목적도 있었지만, 강화도 남단으로 피난한 수만 명의 민심을 모아 적을 물리치려는 전술이기도 했다. 양헌수는 산신제를 통해 역사와 신령을 불러냄으로써 주민과 일체가 되어 서양 오랑캐를 물리치고자 의지를 다졌다. 신의 도움으로 '민국民國'은 수호될 것이라고 믿는 마음이었다.

양헌수가 정족산성 전투에서 승리를 거둔 후 프랑스군이 퇴각하자 양헌수는 강화유수 이장렴李章濂과 강화도 전역을 순시했다.

궁전의 탄 것과 여염집이 무너진 것을 조사하여 살피고 어린아이와 늙은이를 불러와서 먼저 기왕에 약탈당한 것을 위로하고 또 장래 안착될 것을 타이르니 서로 붙들고 눈물을 흘리고 울지 않는 사람이 없었고 온전히 조야(朝野)의 구별이 없고 다만 환난의 같은 것만 있으니 인정이 있는 곳에 어찌 이렇게 되지 아니하리오.[7]

조야의 구별이 없다는 말이 나온다. 위기를 맞아 신분의 구별을 잊고 서로 협력하여 환란을 극복한 것을 기뻐했다

---

6) 『국역 何居集』 권2, 祭鼎足山神文, 충장공양헌수대장기념사업회, 2005, 212~213쪽.
7) 『국역 何居集』 권1, 出陣日記, 음력 10월 6일, 81쪽.

는 것이다.

진무 중군 어재연이 광성보에서 미군과 최후의 전투를 벌일 때 아우 어재순이 형을 도와 싸우려 하자 형이 동생에게 자신은 '사어왕사死於王事'하는 임금의 신하지만, 동생은 자기와 다른 '궁향일포의窮鄕—布衣'임을 지적하면서 피신을 재촉하자, 어재순은 '위국원충신민일야爲國願忠臣民—也'라고 하면서 형과 함께 순절했다.

서양세력을 격퇴한 승리의 감정이 남아 있던 1873년 2월, 프랑스군의 공격을 물리친 양헌수(1816~1888)의 전승을 기념하는 비석 '순무천총양공헌수승전비巡撫千總梁公憲洙勝戰碑'가 이 정족산성 동문 안에 세워졌다. 또한 동시에 광성보에서 미군의 공격으로 장렬하게 순절한 어재연(1823~1871), 어재순 형제 및 수많은 장졸들을 추모하는 '어재연어재순순절비魚在淵魚在淳殉節碑'와 '광성파수순절비廣城把守殉節碑'도 세워졌다. 비석을 만들고 새기는 작업에는 무관들이 동원되었으나 명의는 모두 '강도대소민인江都大小民人'이었다. 대소민인이라 하였으니 앞서 언급한 것처럼 조야朝野와 사민士民을 구별하지 않는 인식이었다.

양헌수가 민국의 수호를 신에게 빌 때 그 '민국民國'을 서양 오랑캐와 대적하는 주체로서, 그 문명에 대한 감탄과 두려움을 극복할 수 있는 주체로서, '백성의 나라'라고 할 수 있다면, 근대국가를 구성할 국민 혹은 민족의 태동이 가능한 것은 아닐까? 적이 물러난 뒤 강화도의 주민들은 사민士民의 구별 없이, 조야朝野의 구별 없이 모두 하나가 되어 울고 웃었다. 신분적, 경제적 차별이 내포된 대민大民과 소민小民의 구별은 '대소민인大小民人'의 묶음 속에 희미해졌다. 이런 점은 16세기말 일본의 침략 때 노비들이 보인 반反조선적 행위나 신분상승을 미끼로 승려를 동원할 수밖에 없던, 공동체 내부에 연대의식이 미약한 상황과는 다르다. 이미 신분제는 이완되고, 군현 농민의 반관反官 투쟁이 확산되었고, 동학의 평등사상이 널리 공감을 얻고 있는 시기에 접어들었다. 불과 한세대도 지나지 않아 입헌군주제를 운위할 시기가 도래할 것이다. 따라서 전쟁 후 대원군의 해문방수비海門防守碑와 척화비斥和碑로 상징되는 중세적 체제강화의 방향과는 달리, 이 시기 사민과 조야, 대소민 구별의 폐절, 공동체 내부의 차별철폐는 민족이나 국민 형성의 출발점이 될 것이다. 신분의 차별이 없어야 공동체 안에서 동등하다는 인식을 가질 수 있고 진정한 민국의 길을 열 수 있다. 이 시기 도처에서 여러 가지 계기에서 그러한 자각이 활발해지고 있었고, 서양의 침공으로 비롯된 공포 속에서도 그 자각의 일단을 볼 수 있었다.

4. 문화재 반환

미군이 광성보를 점령했을 때 **빼앗아간** 깃발 가운데 진무영 중군 어재연의 수자기帥字旗가 136년만인 2007년 10월 10년간의 장기 대여형식으로 귀환했다.

미군이 가져간 것은 수자기를 비롯한 군기 50개, 조선대포 481문, 조총 다수, 약간의 서적과 문서 등이다. 네 개의 상자가 그랜트 대통령, 해군장관, 로저스 함대사령관, 그리고 애나폴리스의 해군사관학교 박물관에 기증되었는데, 해군사관학교 박물관에는 수자기를 비롯한 군기 25개, 청동대포 4문, 갑주 한 벌, 전립戰笠이 있다고 한다.8)

그 가운데 수자기 탈취와 성조기 게양은 미국함대의 강화도 점령을 상징하는 사건이었다. 틸톤 대위, 퍼비스(Purvis) 이등병, 브라운(Brown) 상등병이 광성보 손돌목돈대 위에 높이 걸려있던 수자기를 끌어내린 장본인들이다. 그들은 광성보의 돈대를 점령한 첫 그룹에 끼여 있었다. 점령하자마자 제일 먼저 깃발 중앙에 흑색 한자로 '수帥'라고 쓰여 있는 대형 황색기를 끌어내렸다. 로저스 함대사령관은 6월 21일 콜로라도 함상에서 수자기를 세워서 펼쳐놓고 이

---

8) 김원모, 앞의 책, 1992, 476쪽.

를 챙긴 세 사람과 함께 기념 촬영을 하도록 했다.

〈그림 5〉 콜로라도 함상의 수자기

틸톤은 함대에 동승한 사진기자가 촬영한 사진에 관심이
많고 그것이 신문을 통해 아내를 비롯한 고향사람들에게
전해질 경우의 자부심에 생각이 미쳤다. 틸톤은 수자기 사
진에 대해 들뜬 마음으로 6월 27일 부인에게 다음과 같은

편지를 부쳤다.

당신이 신문 화보에 난 사진을 보면 앞가슴에 담요를 비스듬히 두르고 총을 들고 차렷자세로 우뚝 서 있는 키 큰 두 사람, 그 옆에 왼손 밑으로 오른손에 군도를 들고 서 있는 아주 키 작은 사람 등 세 사람을 보게 될 거요. 키 작은 사람이 바로 나라는 것을 당신은 알게 될 거요. 이곳 우리 해병 수비대의 모든 장병들은 우리 세 사람의 사진을 보고 '키다리와 꼬마 the long and the short' 사진이라고 놀리고 있거든. 나는 당신이 책상보 위에 이 조선의 진기품을 올려 놓고 보기를 바라오. 그런데 나는 당신에게 줄 공작깃으로 만든 깃털장식과 장식술 그리고 적황색 말털을 입수했소. 이것은 내가 용두돈대에서 조선장수가 쓰고 있었던 전립에서 떼어낸 것으로써 모든 골동품 가운데 가장 우수한 진품이오.

틸톤은 신문에 사진이 작게 실리더라도 남편을 식별하도록 그 모습을 아내에게 자세하게 설명하면서 자랑한다. 어재연 장군의 전립 장식인 공작깃도 부인에게 선물하려고 챙겨 놓았다. 어재연 장군의 깃발과 머리는 이렇게 틸톤의 전리품이 되었다.

미국이 가져간 전리품 가운데 수자기는 당시 신문에도 나고 유명했지만 잊혀 지다가 연구자에 의해 발견되고,

2007년 문화재청에서 환수계획에 착수하여 비교적 순조롭게 2007년 10월, 10년간의 장기 대여형식으로 돌아오게 되었다. 물론 미국에는 관련 유물이 아직 많이 남아 있다.

반면 프랑스군이 강화도의 외규장각에서 약탈해간 의궤의 반환교섭은 1991년부터 20년이 걸려, 145년만인 2011년 4월 14일에서 5월 27일까지 네 차례에 걸쳐 의궤 297책이 영구대여형식으로 귀환했다.

일찍이 프랑스국립도서관 사서로 근무하던 박병선이 모리스 꾸랑의 『한국서지』에 실린 한국관련 자료의 소장 상황을 조사하다가 프랑스함대의 강화도 점령 때 약탈해간 강화도 외규장각 도서 중 조선왕실의 의궤를 확인하게 되었다. 1989년 박병선이 프랑스어로 의궤해제를 작성하면서 한국정부에 지원을 요청하였고, 1991년 11월 서울대학교 규장각에서 반환교섭을 시작하였다. 1993년 프랑스 대통령 미테랑이 한국고속철도 입찰에 프랑스산 떼제베 선정을 지원하기 위해 한국을 방문했을 때 의궤 한권을 반환함으로써 귀환의 가능성이 열렸다. 그러나 이후 지리한 협상이 계속될 뿐 성사되지 못하다가 2011년에 이르러 겨우 타협이 이루어진 것이다.

강화도 주민의 상처는 양헌수승전비, 어재연순절비의 설치를 통해서, 조선정부의 상처는 1882년 미국과, 1886년 프랑스와 수호통상조약을 체결함으로써 해소되어 갔다. 140여 년만의 수자기와 의궤의 귀환도 깊지 않은 상흔의 치유에 기여했다. 그렇지만 더욱 중요한 것은 쥐베르와 같은 타자에 대한 이해와 관용일 것이다.

더 읽어볼 책들

• H. 쥐베르, CH. 마르탱 지음, 유소연 옮김, 『프랑스 군인 쥐베르가
  기록한 병인양요』, 살림, 2010.

이 책은 프랑스의 강화도 침공에 참가한 군인이 직접 기고한 원정기를
번역한 것이다. 해군 소위 후보인 쥐베르(Henri Zuber)는 「쥐베르의 조
선원정기」에서 두 차례에 걸친 프랑스 함대의 강화도 침공을 목격하고
그 상황을 그림과 함께 생생하게 묘사했다. 함께 수록된, 북경 주재 프랑
스 공사관 소속 의사인 마르탱(CH. Martin)은 「마르탱의 1866년 조선
원정」은 프랑스의 강화도 침공 발단에서 물러날 때까지 진행과정을 순차
적으로 기술하였다.

• 김명호, 『초기 한미관계의 재조명: 셔먼호 사건에서 신미양요까지』,
  역사비평사, 2005.

이 책은 신미양요의 발단이 된 1866년 제너럴 셔먼호 사건에서부터 신
미양요에 이르기까지 조선과 미국의 관계를 조선측의 사료에 입각하여
상세하게 복원한 연구서이다. 박규수의 활동을 중심으로 조선의 주체적
대응에 초점을 맞추었다. 또한 무력충돌 뿐 아니라 중국의 중재를 통한
평화적 해결을 위한 외교적 노력에도 관심을 기울였다.

• 경인일보 특별취재팀, 『세계사를 바꾼 인천의 전쟁』, 도서출판 다
  인아트, 2012.

이 책은 고려시기 몽골의 침략에서 시작하여 인천상륙작전에 이르기까
지 인천을 무대로 일어난 전쟁의 역사를 체계적으로 정리한 책이다. 언
론사의 특별취재팀이 문헌조사와 답사, 연구자 인터뷰 등을 통해 전쟁의

모습을 친근하게 그리려 노력한 흔적이 보인다. 전근대는 강화도가 주무대이고 근대 이후에는 인천항이 무대가 되었다.

• 박천홍, 『악령이 출몰하던 조선의 바다』, 현실문화, 2008.

통행금지였던 조선의 바다는 서양의 배가 오면서 뚫리기 시작했다. 이 책은 17세기 하멜의 제주도 표착 이후 조선의 바다가 열리기 시작한 전말을 서양인의 탐험기와 조선의 자료를 바탕으로 재구성하였다. 프랑스와 미국 함대가 강화도를 침공하기 이전까지 이양선이 어떻게 조선의 바다에 접근했는지 상황을 파악할 수 있다.

• 김용구, 『세계관 충돌과 한말 외교사 1866~1882』, 문학과 지성사, 2001.

이 책은 1866년 프랑스가 강화도를 침공하면서 시작된 조선과 서양의 접촉을 문명권의 충돌이라는 시각에서 풀어나간다. 조선이 국제질서에 편입된 과정을 1882년 중국 및 서양과의 조약체결에 이르기까지, 교린질서의 해체, 사대질서의 변형이라는 측면에서 검토한 외교사 연구의 역작이다.

인천 군관의 기록을
통해본 신미양요

배성수

인하대학교 문과대학 사학과를 졸업한 뒤, 같은 학교 대학원에서 석사학위를 받았고, 박사과정을 수료하였다. 현재 인천광역시립박물관 전시교육과장으로 재직 중이다. 「숙종초 강화도 돈대의 축조와 그 의의」, 『역주 강화선생일기』, 『역주 소성진중일지』, 『인천고적조사보고』 등 인천 지역사와 관련한 다수의 논저가 있다.

인천 군관의 기록을 통해본 신미양요

: 『소성진중일지邵城陣中日誌』를 중심으로

1. 『소성진중일지邵城陣中日誌』는

　　『소성진중일지』는 조선후기 선전관宣傳官이었던 구연상具
然相이 1871년 5월 24일(음력 4월 6일)부터 7월 10일(음력 5월
23일)까지 48일 동안 인천에 머물면서 기록한 일지를 책으
로 엮은 것이다. 자료는 이용희李容熙가 소장하고 있던 원본
을 1963년경 인천시립박물관에서 필경등사본筆耕謄寫本으로
간행한 것으로 현재 2권이 동 박물관에 소장되고 있다. 자
료의 서문에 따르면 당시 원본에서 인천관련 자료만을 선
별하여 초출抄出하였는데 전체분량의 2/3정도 되었다고 한
다. 따라서 원본에는 신미양요와 관련하여 보다 풍부한 내
용이 담겨져 있었을 가능성이 크지만 소재가 불명하여 아

쉬움을 금할 수 없다.

〈그림 1〉『소성진중일지』표지　　〈그림 2〉『소성진중일지』본문

구연상이 일지를 기록한 48일간은 신미양요가 발발했던 기간이다. 운현궁 시위侍衛였던 그가 비상시국임에도 궁궐을 떠나 인천에 온 까닭은 당시 인천부사로 재임 중이었던 숙부 구완식具完植을 보필하기 위함이었다. 5월 24일 인천 앞바다에 이양선이 정박하였다는 소식을 듣고 인천으로 출발하면서 시작된 구연상의 일지는 7월 10일 계엄을 해제한다는 진무영의 통고를 받고 석암石巖을 출발하여 귀경한다는 내용으로 끝을 맺고 있다.

『소성진중일지』는 크게 두 부분으로 구성되어 있다. 전반부에는 날짜와 날씨, 이양선의 동태와 전황, 인천부의 병사배치와 전술, 병법에 대한 구완식과의 문답 등을 일지형식으로 기록하고 있다. 후반부에는 '인천별무청주련仁川別武廳柱聯' 등 10개의 자료가 수록되어 있는데 주로 인천부사 구완식의 행적을 기린 내용들이다. 이 일지의 내용만으로 구연상이 인천에서 구체적으로 수행한 역할이 무엇이었는지는 확실치 않다. 자신의 역할을 기록하기보다는 보고 들은 이야기와 전황을 객관적으로 서술하고 있기 때문이다.

자료의 저자인 구연상의 본관은 능성綾城으로 생몰년은 알 수 없으나, 무과에 급제한 후 수문장부사과守門將副司果, 훈련원 주부主簿, 황해수사黃海水使 등의 무관요직과 초산楚山부사, 창성昌城부사 등의 지방관을 역임하였다. 고종 24년(1887) 전라병사에 제수되었으나 지병을 이유로 사임하였고, 고종 30년(1893) 병조참판에 추증되었기 때문에 그 사이 어느 시기인가 사망하였음을 알 수 있다. 구연상이 인천에 체류할 당시 인천부사였던 숙부 구완식具完植도 역시 무과에 급제하여 여러 관직을 두루 역임한 후, 금위대장禁衛大將까지 지내 "장신록將臣錄"에 오른 인물이다. 인천부사로서 구완식의 재임기간은 고종 7년(1870) 윤 10월 18일(음력)부터 고종 11년(1874) 1월 11일(음력)까지 40개월간이다.

인천시립박물관에서 소장하고 있는 『소성진중일지』는

'필경등사본'이라는 점과 더불어 전체 분량의 2/3이 누락되었다는 점에서 자료의 한계를 갖는다. 그럼에도 불구하고 신미양요 당시 인천부에서 일어났던 48일간의 생생한 기록이 빠짐없이 수록되어 있어 신미양요의 연구와 지방군제 연구에 큰 도움이 되리라 생각한다.

2. 신미양요의 전황

신미양요는 1866년에 있었던 제너럴셔먼호 사건에 대한 보상과 조선의 통상개방을 요구하기 위해 미국 정부가 아시아함대를 조선에 파견하여 일으킨 사건을 말한다. 신미양요 당시 인천의 전황을 기존에 알려진 사실과 『소성진중일지』의 내용들로 재구성 해보면 다음과 같다.

1871년 5월 12일 청국주재 미국공사 로우(F. F. Low)는 일본 나카사키 항에서 로저스(John. Rodegers)제독의 아시아 함대와 합류하였고, 5척의 아시아함대는 같은 달 16일 조선원정길에 올랐다. 나카사키 출항 3일 만인 5월 19일 충청도 해미 앞바다에 도착, 서해안을 따라 북상하기 시작하여 21일 풍도 북쪽에 정박하였다. 미국 함대는 이틀 뒤인 5월 23일 풍도 동남쪽의 입파도立波島로 이동하여 닻을 내렸다. 이양선의 출현이 조정에 처음 알려진 것은 5월 23일로 수원유수 신석희申錫禧의 보고에 의한 것이었다.

〈그림 3〉 기함 콜로라도호

　구연상이 『일지』를 기록하기 시작한 날은 5월 24일로 그는 전날 수원유수의 장계를 보고 이날 새벽 인천으로 출발하였다. 덕적진에서는 '이양선 한 척이 수원의 풍도, 검도 앞에 정박하였고, 곧이어 네 척이 합류한 뒤 모든 배가 출발하여 수원 도리해挑里海에 정박하였다'고 인천부에 보고하였다.

　이 날 오후에는 한진漢津 방수장防守將 황모진黃毛辰으로부터 2범선 한 척이 팔미도에 머무르고 있다는 보고가 있었다. 5월 26일 팔미도에 머무르고 있던 이양선이 인천과 부평,

영종의 경계에 있는 호도虎島에 정박하였고, 종선 네 척은 수심을 재면서 함께 이동하였다. 이들은 5월 28일까지 호도와 팔미도, 옥구도 사이를 오르내리며 수심을 측량한 뒤, 먼 바다로 나아갔다. 5월 29일 정오 경 2범선 두 척과 3범선 세 척이 팔미도를 거쳐 한진 앞바다에 정박하였고, 5월 30일 미국 함대 다섯 척과 종선 60여 척이 영종도를 거쳐 호도에 정박하였다. 이로 미루어 콜로라도호를 지휘함으로 하는 미국 함대는 먼 바다에 정박하고 있었고, 선발대로 2범선 한 척과 종선 네 척이 북상하여 5월 24일부터 5일 동안 부평과 인천, 안산의 경계를 오르내리며 수심을 측량하였던 것임을 알 수 있다. 수심을 측량한 결과 호도가 그들의 최종정박지로 선택되었고, 미국 함대는 그로부터 7월 3일 퇴각할 때까지 호도를 중심으로 작전을 수행하였다.

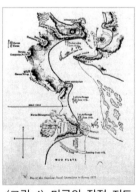

〈그림 4〉 미군의 작전 지도

한편 5월 30일 의주의 역관 譯官 이창수李昌秀 등 3인이 인천부 관리 김진성金振成과 함께 이양선에 올라 문정問情을 실시하였다. 6월 1일 조정에서는 진무영의 군사지휘를 총괄하는 중군에 어재연을 임명하였다.

이날 인천부에서는 오시午時경 범선 한 척이 호도에서 통진을 향해 출발하였다가 신시申時에 귀환하였음이 관측되었

〈그림 5〉 콜로라도를 방문한 조선인 관리들

고, 포성이 크게 들렸기 때문에 전투가 벌어졌음을 알게 되었다. 이 전투는 미국 블레이크(H. C. Blake) 중령이 지휘하는 모노카시호와 팔로스호가 강화도의 염하를 따라 북상하던 중 손돌목에 대기 중이던 조선군이 발포하자 이에 미국 함대에서 응사했던 손돌목 전투를 말한다. 이 전투에서 조선군 1명이 전사하였고, 미군 2명이 부상당했다.

사태의 심각성을 파악한 조정에서는 진무영을 비롯한 인천, 부평 등지에 선전관을 파견하고 군기 및 병사를 증원하였다. 인천부에는 6월 2일 어영청과 총융청에서 화약 및 탄환이 보급되었고, 훈련도감군 100명과 수어영 별파진 병사

50명이 파견되었다. 순무영으로부터 300냥을 받아 병사들에게 분급하였고, 손돌목을 통과하지 못해 인천에 정박하고 있던 세곡선과 사선에 실린 미곡을 압류 또는 매입하여 군량으로 활용하였다. 6월 7일에는 인천부사 구완식이 문학산신文鶴山神에 제사를 지내 적의 퇴각을 기원하기도 하였다.

손돌목전투 이후 미국 함대는 호도에 정박하면서 한두 척 정도만 간간이 움직일 뿐 전열을 정비하고 있었다. 6월 3일 밤 적의 2범선 한 척이 팔미도를 거쳐 먼 바다로 향했으며, 7일에는 인천부의 경계인 월미도에 접근하여 해안의 경비태세를 정찰하기도 하였다. 6월 10일 2범선 두 척과 종선 열 척이 호도를 출발하여 강화로 향하는 모습이 인천부에 관측되었고, 곧이어 포성이 크게 울렸다. 다음날인 11일에도 포성이 크게 울리더니 12일 신시申時 경에 호도에 귀환하여 정박하였다. 미국 함대의 모노카시호와 팔로스호가 초지진을 함락시키고 덕진진을 거쳐 광성보로 진격하여 진무중군 어재연과 조선군 수비대 350명을 괴멸시켰던 광성보전투 당시의 상황이다. 미국의 피해는 전사자 3명과 부상 10명에 불과했다. 초지진이 함락되었던 6월 10일 밤 초지진 첨사 이렴李濂이 출진한 미국의 함선을 습격하였지만 별다른 성과는 거두지 못했다. 모노카시호와 팔로스호는 조선군 포로 20명과 광성보에 계양되었던 수자기帥字旗 등 노획품을 싣고 6월 12일 호도의 본진으로 귀환하였다.

한편 인천부사 구완식은 광성보전투 이틀 뒤인 6월 13일 이 소식을 전해 들었다. 그는 미국 함대의 인천 상륙을 저지하기 위하여 호장 김진효金鎭孝에게 순초선 두 척을 주어 월미도에 병기를 암장하고 매복하도록 하는 한편, 각 포의 경계와 순찰을 강화하였다. 6월 16일에는 진무영의 영에 따라 2범선 열 척과 땔나무 사천묶음, 뗏목 50거리 등을 준비하였으며, 조정에서는 전국 전국의 산행포수를 인천에 파견하고, 군비와 군수품을 지속적으로 하달하였다. 6월 28일 운현궁의 하교에서 급수로에 정예병을 매복시키라 하여 다음날 각 섬의 주민을 소산시킨 뒤, 섬 내의 우물에 독을 넣어 적함의 급수를 차단하기도 하였다.

광성보 전투가 끝나고 미국함대는 별다른 움직임 없이 호도에 정박하고 있었고, 부평부사와 서신을 주고받으며 조선 정부에 자신들의 뜻을 관철시키기 위해 노력하였다. 6월 14일 조선군 포로 20명 중 9명을 석방하였고, 17일 부평부사 이기조는 조정에 서신을 전달해 달라는 로우공사의 요청을 거절하였다. 6월 17일 또 다른 2범선 한 척이 팔미도 외양으로부터 올라와 호도의 미국함대 본진과 합류하는 모습이 관측되었다.

7월 2일 인천부사 구완식은 미 함대의 퇴각 움직임을 파악하여 운현궁에 상서하였고, 다음날 미국 전함 여섯 척이 호도의 정박처를 출발하여 팔미도 외양으로 빠져나가는 것이 관측되었다. 구완식은 적들이 재침에 대비하여 병사들의 진법 훈련을 실시하는 한편, 요망선과 순초선을 보내 팔미도 외양에서 적선의 움직임을 탐지하였다. 7월 4일 덕적도 앞바다를 감시하던 순초선이 돌아와서 미국 배 여섯 척이 모두 먼바다로 사라져 보이지 않는다고 보고했다. 7월 5일 삼군부의 보고에 따라 조정에서는 해안방비는 강화하되 기병과 선박의 계엄을 해제하도록 하였고, 인천부에서는 각 진에 경계 강화를 명령하였다. 7월 9일 조정에서는 진무영과 영종, 교동, 인천, 부평, 통진, 풍덕 등지에 내려졌던 모든 계엄을 해제하였고 다음날 인천부에서는 진무영으로부터 계엄해제를 명하는 공문을 수신하였다

이상 『소성진중일지』에 나타나는 신미양요의 전황을 『실록』 및 미군측 기록과 대조해 가며 재구성해 보았다. 일부분 약간의 오차가 있기는 하였지만 대개의 기록이 일자별로 일치하고 있었다. 특히 미국함대의 움직임과 관련한 『소성진중일지』의 기록은 매우 정밀하여 일지가 시작되는 5월 24일부터 손돌목 전투가 있었던 6월 1일 사이에 함대의 이동상황은 거의 매일 기록되고 있다. 이를 통해 최초 함선 1척이 종선과 함께 수로를 측량하며 정박처를 탐측하는 동안 나머지 함대

는 먼바다에 머무르고 있었고, 탐측이 마무리된 5월 29일부터 30일까지 모든 함대가 정박처로 결정된 호도로 이동하여 정박하였음을 알 수 있었다. 또, 광성보전투 이후 6월 17일 팔미도 외양으로부터 2범선 한척이 호도의 본진과 합류하여 퇴각당시까지 모두 6척의 범선이 호도에 정박하고 있었다는 사실도 자료를 통해서 새롭게 밝힐 수 있었다. 이 외에도 당시의 전황을 풍부하게 수록하고 있어 향후 신미양요 연구에 있어 매우 유용하게 활용될 수 있으리라 기대해본다.

3. 인천부의 방어태세

1871년 5월 21일 미국함대의 출현이 조선군에 의해 최초로 관측되었고, 23일 수원유수의 장계가 조정에 보고되었기 때문에 24일 구연상이 도착한 인천은 이미 계엄상황에 놓여 있었다. 이날 인천부의 모습을 구연상은 다음과 같이 묘사하고 있다.

성현에 올라 문학봉을 바라보니 깃발들이 펼쳐진 채 세워져 있었고, 병사들은 열을 지어 진을 치고 있었다. 비로소 부내의 거리로 들어가니 이미 군문을 통제하고 있었는데 군교가 잡고 막아서며 말하기를 "군중에 사또의 영이 있어 들어오는 것을 허가하지 않는다" 고 하였다.

인천부사 구완식은 아전과 군교들을 모아 방비계책을 논의하였고, 총포 등 모든 군기를 크기에 따라 분별하여 모았다. 또, 병사들을 선발하여 해안의 포구와 부내의 요충지에 배치하였다. 이때의 병력배치를 분석하자면 해안 포구와 인천부 읍내의 방비를 강화하는 쪽으로 방비책이 수립되었음을 알 수 있다. 우선 방수장防守將에게 병력을 인솔하게 하여 제물포 등 9개의 포구에 분산배치 하였는데, 이들의 임무는 주로 적선의 동태를 관측하는 한편 유사시 적의 상륙을 저지하는 것이었다. 또, 관문과 문학산의 삼호현 및 제월봉, 도찬현 등 해안에서 읍내를 향하는 고개마다 초병들을 배치하여 해안 병력과 마찬가지로 경계 및 방어의 임무를 주었다. 문학산성 터에는 봉군을 배치하여 봉수를 올리게 하였고, 문학산의 사방과 인천부 뒷산인 승학산에 화포군을 매복시켜 적들이 상륙하였을 때 화포로 응수하게 하였다. 읍내로 진입하는 길목인 무주현, 마근현 등지에는 화포군과 수노병을 배치하여 적이 침입했을 때 깃발과 횃불로 알리도록 하였다. 한편, 주요도로의 입구에는 민병을 동원하여 땅을 파고 매복토록 하였으며, 서울로 올라가는 길목인 성현에도 의병을 배치하였다. 우병방 채연하에게는 척후의 임무를, 좌병방 김홍구 등에는 군량을 주관케 하였으며, 도령장 이우현 등은 군기를 관리하도록 하였다.

〈표 1〉 1871년 5월 24일(음력 4월 6일) 병력배치 상황(1차)

배치장소	현위치	담당	병력	임무
제물포	북성동 (현 인천역 부근)	좌수 정학림 방수장 강대월, 최석윤	본포군 (本浦軍)	경계, 방어
화촌포	화수동	방수장 박군성		경계, 방어
십정포	십정동	방수장 최홍순 한유필	본포병 (本浦兵)	경계, 방어
옹암포	옥련동	방수장 이명길	본포병 (本浦兵)	경계, 방어
한진(한나루)	옥련동	방수장 황모진	본포병 (本浦兵)	경계, 방어
도장포	선학동	방수장 최경손		경계, 방어
남촌전포	남촌동	방수장 김용운		경계, 방어
고잔포	논현동, 고잔동	방수장 서홍수		경계, 방어
신현포	시흥시 포동	방수장 한보여		경계, 방어
성현	남동구 만수동	기의사인 이항진		경계, 방어
관문	남구 문학동	전초 초관 하제우	본초병	경계, 방어
문학산 서현, 제월봉	남구 문학동 (삼호현)	중초 초관 공재선	본초병	경계, 방어
산성터	남구 문학동 (문학산 정상)	별장 최홍구	봉군(烽軍)	매복
문학산 동, 서쪽	남구 문학동 (문학산)	아전 김재건 형리 김진성	화포군 (火砲軍)	매포 (埋砲)
문학산 앞, 뒤	남구 문학동 (문학산)	퇴인(退引) 박순복, 김이연	화포군	매복
도찬현	남구 문학동 (신동아 아파트)	후초 초관 김순엽	본초병	경계, 방어
부내 뒷산	남구 문학동 (승학산)	중군 이규현	부내 포병	경계, 방어
보병현, 망현	미상	공택선, 김진효,	화포군,	복병(伏兵)

무주현	연수구 선학동	이한규, 이광표, 김윤현	수노병 (水弩兵)	적 침입 시 주간 깃발, 야간 횃불
마근현	남구 문학동			
읍 어귀	남구 문학동			
주요 도로의 입구		이연긍, 공웅선, 공량묵, 이승규, 김칠연, 송계만	민병	땅을 파서 매복
기타		우병방 채연하		척후
		좌병방 김홍구, 김진교		군량의 주관
		도령장 이우현, 김로진		군기 관리

5월 24일 해안 및 요충지에 병력을 배치하고 경계를 강화한 이후 미국 함대의 움직임은 날마다 보고되고 있다. 섣부른 공격보다는 우선 저들의 침입목적을 파악하는 것이 급선무였기에 구완식은 적선의 동태파악에 적극적으로 임하였다. 적 함대 5척 모두가 호도 정박지를 향해 움직일 때 해무로 인해 관측이 쉽지 않자 군선을 띄워 적선에 근접하여 정탐하도록 지시하기도 하였고, 적선의 정황이 심상치 않을 때에는 직접 군졸을 이끌고 문학산에 올라 적의 이동 상황을 살펴보기도 하였다.

6월 1일 손돌목에서 미국 함선과의 교전이 발생하자 조정에서는 각 진영으로 병력 및 군기를 지원하였는데 인천에 증원된 병력은 훈련도감군 100명과 수어영 별파진 50명 등 모두 150명이었다. 6월 7일 구완식은 2차 병력배치를 단행하였다. 1차 병력배치가 해안포구 및 인천부 읍내의 경계 강화를 목적으로 했다면, 2차 병력배치는 적병의 상륙에 대한 대비가 주목적이었던 것으로 보인다. 우선 해안 포구 중 적병이 상륙할 만한 지점을 선별하여 중요도에 따라 배치될 병력의 수를 달리하였다. 제물포에 150명, 고잔포에 100명, 옹암포와 주안포구, 한진(한나루)에 모두 100명의 병력을 배치하였는데 그 중 제물포에 별파진 등 경군京軍을 배치한 것으로 보아 적병의 상륙가능성이 가장 높았던 곳으로 인식되었음을 알 수 있다. 또, 부사가 지휘하는 본진을 장천현(지금의 숭의동)으로 옮기고 320명의 병사를 배치하여 제물포에서 읍내와 서울로 향하는 길목을 차단하고자 하였다. 이 외에도 각지의 요충지에 포계군 100명을 분산 주둔시켰으며, 거경대로距京大路의 마지막 관문인 성현에 조동 포계군 100명을 배치하였다. 이날 인천부 주요처에 배치된 병력은 모두 1,190명 가량으로 경군京軍 150명을 제외한 1,000여 명이 인천부에 소속된 병력이었다.

2차 병력배치는 크게 두 가지 이유에서 실시되었다. 인천 부사 구완식은 아군과의 교전을 각오하고 서울로 접근하려는 미국 함대의 의도를 간파하였다. 손돌목전투 이전까지만 해도 적 함대는 수로측량 외에 별다른 움직임을 보이지 않았기 때문에 조정이나 인천부에서는 그들의 침범 목적을 파악할 수 없었다. 따라서 인천부 관아를 중심으로 방비를 철저히 하는 한편 해안 및 문학산 주위로 병사를 배치하여 요망과 경계의 임무를 부여했던 것이다. 손돌목전투에서 미국 함대가 서울로 접근하려는 의지를 드러내었기 때문에 적병이 상륙을 시도할 것을 대비하려는 목적에서 2차 병력 배치가 이루어졌다. 본진을 인천부 관아에서 장천현으로 이동시킨 것도 제물포나 화촌포로 상륙한 적병이 서울로 이동하는 길목을 봉쇄하고자 하는 의도에서였다.

또 다른 이유로 6월 3일과 4일 훈련도감과 수어청에서 파견된 150명의 군병에 대한 배치를 들 수 있다. 구완식은 잘 훈련된 이들 경군京軍을 가장 중요한 지역인 제물포와 제물포 인근의 귤현에 배치하였다. 한편, 이날 구완식은 1차 병력배치에서 병사들을 인솔했던 군교와 아전들에게 새로운 명령을 내렸는데 방수장 황모진 등 23명에게는 출진할 것을, 호장 공정선과 군기차지軍器次知 색리 이연희는 자원군의 영솔을, 장교 공재선과 색리 공양문에게는 봉대에서 망을 볼 것을 명하였다.

〈표 2〉 1871년 6월 7일(음력 4월 20일) 병력배치 상황(2차)

배치장소	현위치	담당	병력	임무
제물포	북성동 (현 인천역 부근)	수어영 초관 이복우	수어영 별파진 50명	경계, 방어
		출신 이용구	신현 포계군 100명	매복
제물포	미상	훈련도감 초관	훈련도감군 100명	매복

귤현		이병오		
고잔포	남동구 고잔동	포계장 송일구 중군 이규현	남촌 포계군 100명 자원교졸	매복
부내	남구 문학동	좌병방 김흥구	본 읍 별무사 100명	설진
문학산	남구 문학동	봉대별장	봉군 20명	봉수, 요망
장천현	남구 숭의동	부사 구완식	별무사 200명 아전, 군교, 노 20명	본진 지휘
		출신 이병태	다소면 포계군 100명	지원
각처 요충지와 산정상		거의사인 이우항	100명	요망, 방어 주간 횃불 야간 포
성현	남동구 만수동	포계장 이항진	조동 포계군 100명	경계 방어 거경대로에 배치
주안포구	남동구 간석동	포계장 최흥순	주안 포계군 100명	매복
웅암	연수구 옥련동			
한진	연수구 옥련동			
기타 요해처			칠본면 포계군 100명	분산 주둔
			서면 방수장 황모진 호장 김진효	각 진의 통솔 및 단속

  6월 10일 미국함대는 2척의 범선을 강화로 출진시켜 초
지진을 점령하고, 11일 치열한 전투 끝에 광성보를 함락시
켰다. 많은 병사가 전사하고 광성보가 끝내 함락되었다는
소식이 인천부에 전해진 것은 이틀 뒤인 6월 13일이다. 이
후 미국 함대는 별다른 움직임 없이 정박지인 호도에 머무
르고 있었고, 6월 17일 팔미도 외양으로부터 또 다른 2범선
한 척이 나타나 호도의 본진과 합류하는 모습이 관측되었

다. 그 즈음 조정에서는 전국의 산읍山邑에서 선발된 포수들을 진무영을 비롯한 각 진으로 파견하였고, 인천으로는 안성, 파평, 양근, 가평 등지에서 80명 가량의 포수가 출정하였다.

6월 22일 구완식과 선전관 김태형金泰衡은 적선이 여섯 척으로 늘어난 상황에 대비하고, 지방에서 파견된 포수들을 적절하게 활용할 수 있도록 3차 병력배치를 실시한다. 자료에 나타난 3차 병력배치 상황을 살피면 전에 비해 배치처가 5곳 줄어들었고, 병력도 1,190명에서 871명으로 약 300명 가량 감소하였다. 95명의 포수가 증원되었음을 감안한다면 실제로 약 400명의 병사가 줄어든 것인데 이는 실제로 병력이 줄어든 것이 아니라 기록당시에 실수로 누락된 것이 아닌가 싶다.

〈표 3〉 1871년 6월 22일(음력 5월 5일) 병력배치 상황(3차)

배치장소	현위치	지휘관	병력	임무
제물포	북성동 (현 인천역 부근)		수어영 별파진 47명	경계, 방어
			안성포수 40명	
			신현 포계군 60명	매복
고잔포	남동구 고잔동		본읍 별무사 100명 남촌 포계군 50명 자원 20명 파평 포수 4명	매복
귤현(橘峴) 좌우	미상	훈련도감 초관 이병오	훈련도감군 100명	설진
장천현	남구 숭의동		별무사 100명	설진,

			양근 포수 20명 가평 포수 15명 포계병 20명 사수 20명 아전과 교관 50명	지휘본부
인천부 문학산성	남구 문학동	별장	무사 100명 아전과 노비 등	
			봉대군 25명	요망대 방어
성현	남동구 만수동		포계병 100명	
		서면방수장 황모진 호장 김진효		각 진의 통솔 단속

3차 배치에서 눈에 띠는 것은 각 지방에서 파견된 포수가 대부분 제물포와 장천의 본진에 배치되어 있다는 점이다. 2차 배치와 마찬가지로 제물포와 장천의 본진이 신미양요 당시 인천부의 방비에 있어 가장 중요한 요충지였음을 알게 해준다.

이상에서 신미양요 당시 인천부의 병력배치 상황과 방어체제의 변화를 살펴보았다. 인천부사 구완식은 미국 함대의 움직임에 따라 병력을 탄력적으로 배치하였다. 모두 세 차례에 걸친 병력의 배치와 그에 따른 방어체제의 변화는 보다 효율적인 방비를 위해 시도된 것이라 할 수 있을 것이다.

4. 방어전략 및 전술

손돌목과 광성보 전투에서 아군의 패배소식이 전해지고 미국 함대의 정박기간이 한 달 넘게 이어져 장기화될 조짐이 보이자 인천부사 구완식은 병사들의 사기저하를 우려했던 것으로 보인다. 조정에서 병력과 군기를 지원하고 군량과 군수를 하사하여 병사들의 사기를 진작시키고자 했지만, 장마철의 습한 날씨와 연이어 들려온 패전의 소식은 군영의 사기를 저하시키기에 충분했다.

〈그림 6〉 신미양요 당시 조선인 포로들

이에 구완식은 군기를 엄하게 하는 한편, 병사들과 주민들의 동요를 막기 위해 천주교 신자를 색출하여 치죄하기도 하였다. 미국 함대가 인천 경계에 들어온 5월 24일 구완식은 군교와 병사들을 모아놓고 17개조의 전시군법戰時軍法을 공포하였다. 또, 제물포에서 적선과 접촉을 시도하던 천주교도 이균학과 공모하였던 형 이연귀를 함께 체포하여 군사와 백성이 모인 자리에서 효시하였다. 이러한 조치를 통해 군영 내의 군기를 엄정하게 하고, 주민들을 단속할 수 있었다.

구완식이 인천부사로 부임하였던 고종 7년(1870) 무렵은 병인년의 난리를 겪은 지 얼마 안 되는 시기였기에 외세에 대한 막연한 두려움이 병사와 주민들 사이에 남아 있었다. 이러한 시점에서 해로의 길목에 있던 인천부의 수령으로 부임한 구완식은 병력을 양성하고 군기를 정비하는 등 방비 강화에 박차를 가했다. 그는 우선 주민들 중 무예에 능한 자들로 300명을 선발하여 삼초三哨의 군대를 편성하고 무예를 익히게 하는 한편, 아전들에게도 총쏘는 법을 배우게 하여 그 기술에 따라 차등을 주어 배치하였다. 또 아홉 개 면의 주민들로 가가 100명씩 포계砲稧를 구성, 총포를 다루는 기술을 익히게 하였으며 사계射稧를 별도로 조직하여 전체적으로 1,000여 명의 가용병력을 확보할 수 있었다. 이러한 구완식의 대비는 신미양요 당시 인천부의 방비를 튼튼히 할 수 있었던 동력이 되었다.

신미양요 기간 동안 구완식은 해안과 요충지에 대한 경계와 방어태세를 강화하는 한편, 선제 기습공격에 대한 의지도 확고했던 것으로 보인다. 미국 함대와의 대치가 수십 일에 이르고 있음에도 조정에서 공격에 대한 별다른 지시나 조치가 없는 상황에 대해 '기회를 잃을까 두렵다'며 답답해하는 모습이 일지 곳곳에 보이고 있다. 그는 선제공격을 요구하는 상서를 직접 운현궁에 올리고, 인근 고을과 협공을 상의하는 등 적극적인 자세를 취하였다. 그렇다면 미국 함대에 대해 선제 기습공격을 하고자 했던 구완식의 전략은 무엇이었을까?

우선 5월 24일 모든 병력이 모인 자리에서 그는 '적들에게는 세 가지 단점이 있고, 우리에게는 세 가지 장점이 있으니 이를 잘 활용해야 한다'고 이야기하였다. 그가 말한 적들의 단점과 우리의 장점 중 가장 중요시 한 것이 지형지리의 활용이었다. 적은 우리의 지형을 잘 모르고 있는데다 풍토가 달라 오래 버티기 어려울 것이라 하였고, 특히 조수간만의 차이가 심하고 물살이 빠른 인천 연안의 특성을 잘 활용한다면 승리를 거둘 수 있을 것이라 믿고 있었다.

또, 화공을 이용하여 적선을 공격한다면 반드시 승리할 것이라 하였다. 화공에 대한 구완식의 전략을 정리하면 다음과 같다. 우선 소선 수십 척과 뗏목을 새끼줄로 연결한

다음 그 위에 마른 장작과 화약을 쌓아두고 하류를 가로막는다. 상류에서 조수가 빠지고 바람이 일기를 기다려 뗏목 수백 개에 횃불을 붙여 썰물에 따라 아래로 내려 보낸다. 그와 동시에 잠수군들에게 하류에 막아두었던 소선과 뗏목을 끌게 하여 적선 가까이 이동시킨 다음 불을 붙이면 위아래에서 동시에 협공할 수 있는 것이다. 이때 연해포구에 미리 매설해 놓은 화포를 이용해 적선에 포격을 가하면 적선이 쉽사리 빠져나가지 못할 것이라 하였다. 조수간만의 차가 심한 인천 연안의 지리조건을 활용한 계책이었으며, 석탄연료와 화약무기를 적재한 미국 함대의 허점을 노리는 전략이었다. 이러한 전략이 성공을 거두기 위해서는 이웃 고을과의 협공이 반드시 필요했는데 실제로 인천부에서는 부평, 영종과 화공책火攻策에 대해 논의하였고, 부평부와는 공격일자까지 조율하고 있었다.

구완식은 화공책을 행할 때 우선 적의 사기를 꺾어야 한다고 하여 의병술疑兵術을 마련하기도 하였다. 등롱燈籠을 많이 만들어 밤이면 수레에 싣고 줄을 이어 다니게 하고, 조두刁斗의 소리가 끊이지 않도록 조치하였다. 등롱의 불빛과 조두의 소리를 통해 병력의 수가 많아 보이게 하자는 것이었다. 이러한 계획에 따라 인천부에서는 부내의 높은 봉우리마다 장작을 올려 낮에는 먼지가 많이 일게 하고, 밤에는 불을 붙여 다수의 병사들이 배치되어 있는 것처럼 위장할 수 있었다.

당시 인천부사 구완식의 방어전략과 전술은 인천부에서의 전투가 없었기 때문에 실효성 여부를 판단할 수는 없다. 다만, 유사시를 대비한 군사의 정비, 지리적 이점을 활용하고 적의 허점을 노리는 공격대책 등은 무관으로서 구완식의 능력이 뛰어났음을 알게 해준다.

5. 『소성진중일지』의 자료적 가치

『소성진중일지』의 내용을 통해 신미양요의 경과를 재구성해보고, 사건의 경과에 따라 인천부의 방어체제가 어떻게 변화하고 있는지, 그리고 미국 함대에 대응하기 위한 인천의 방어전략과 전술은 어떠했는지에 대해서 살펴보았다. 여기서는 『소성진중일지』라는 자료가 인천 지역사 연구에 있어 어떤 의미를 가지고 있는지에 대해 알아보기로 한다.

첫째, 신미양요를 연구하는데 있어 보충자료로서의 가치가 크다. 앞서 언급했듯이 신미양요에 대한 연구성과는 미미한 실정으로 이는 자료의 부족에 기인할 것이다. 『고종실록』을 비롯한 우리 측 편년자료와 미국 함대에 탑승했던 해병대위 틸톤의 보고서 외에는 활용할만한 자료가 거의 없는 실정이다. 이러한 상황에서 신미양요 당시 인천부에 종군했던 구연상이 48일간 기록한 『소성진중일지』는 앞선 두 자료 사이의 간극을 보완해주는 보충자료로서 활용할 수 있을 것이다. 틸톤의 보고서는 주로 전투 상황에 집중하여 기술하고 있고, 우리 측 자료에서는 각 진영의 장계와 조정의 대책을 기록하고 있기 때문에 두 자료에서 달리 기록되거나 아예 누락된 부분이 존재한다. 따라서 48일 동안 날마다 기록한 사건의 생생한 경과는 이를 확인하고 메워주는 데 유용한 자료가 될 수 있다.

둘째, 개항 이후에 집중되어 있는 인천 지역사 연구의 지평을 넓힐 수 있는 자료이다. 개항 이전의 인천자료가 많지 않은 것은 신미양요의 경우와 다를 바 없다. 특히 해로의 길목에 위치하여 군사적 요충지로 인식되어 왔음에도 방비태세와 병력, 군기실태에 대해서 알 수 있는 자료가 없는 실정에서 『소성진중일지』에 기록된 인천부의 군사현황과 방어체제는 매우 중요한 정보를 제공하고 있다. 물론 평상시가 아닌 비상시의 군사적 상황을 기술하고 있지만, 내용을 통해 인천부 내륙과 해안의 군사요충지를 살필 수 있으며 나아가 인천부의 군사체제까지도 파악할 수 있다. 당시 인천부의 전반적인 상황을 살피는데 부족한 자료임에 틀림

없을 것이나, 이미 알려져 있는 읍지, 문집자료 등과 함께 활용한다면 19세기 말 인천부의 상황을 조망해 볼 수 있는 단서가 될 것이라 기대한다.

셋째, 유사시 지방군의 운용실태를 파악할 수 있는 자료이다. 조선후기 군제사 연구는 대개 중앙의 5군영을 중심으로 연구되어 왔고, 일부 지방군제에 대한 연구도 속오법의 시행과 영장제 등 군사편제에 편중되어 있다. 이는 지방군의 운용을 살필 수 있는 자료가 부족하기 때문이다. 『소성진중일지』는 지방에서 작성한 군사관련 기록이기 때문에 당시 인천지역의 지방군이 어떻게 편성되어 있었는지를 상세히 알 수 있다. 특히 비상시 지방군의 편제와 중앙군 파견시 지휘통솔체계를 살필 수 있는 단서를 제공해 주고 있어 외세의 침입이 잦았던 19세기말 지방군의 운용실태를 파악하는데 유용한 자료가 될 수 있을 것이다.

더 읽어볼 책들

• 김원모, 『근대한미교섭사: 미국의 대한포함외교를 중심으로 (1852~1871)』, 홍익사, 1979.

신미양요의 발단이 된 1866년 제네럴 셔먼호 사건에서부터 신미양요에 이르기까지 한미관계를 미군 측의 자료를 바탕으로 재구성한 연구서이다. 특히 당시 광성보전투에 참전했던 미 해병대위 틸톤의 수기를 수록하여 전쟁을 바라보는 미국의 시선을 느낄 수 있는 자료이다.

• 김명호, 『초기 한미관계의 재조명: 셔먼호 사건에서 신미양요까지』, 역사비평사, 2005.

이 책은 신미양요의 발단이 된 1866년 제네럴 셔먼호 사건에서부터 신미양요에 이르기까지 조선과 미국의 관계를 조선측의 사료에 입각하여 상세하게 복원한 연구서이다. 박규수의 활동을 중심으로 조선의 주체적 대응에 초점을 맞추었다. 또한 무력충돌 뿐 아니라 중국의 중재를 통한 평화적 해결을 위한 외교적 노력에도 관심을 기울였다.

• 『수자기: 136년만의 귀환』 전시도록, 국립고궁박물관, 2008.

이 책은 신미양요 당시 미 해군에 약탈당한 후 미국 애너폴리스 해군사관학교에 보관되고 있던 진무영의 '수자기'가 2006년 장기 대여형식으로 반환된 것을 기념하여 발간한 전시도록이다. 신미양요 당시의 국제정세와 손돌목·광성보 전투 등의 전황을 다양한 자료와 함께 소개하고 있어 신미양요의 이해에 많은 도움이 된다.

• 신헌 지음, 김종학 옮김, 『심행일기』, 푸른역사, 2010.

최근에 발견된, 강화도조약 교섭 당시 조선의 접견대관인 신헌의 일기를 번역한 책이다. 강화도조약 담판과정을 생생하게 기록한 이 책은 강화도조약에 임하는 조선의 태도를 이해하는 데 유용하며 일본 측의 기록에 의거한 강화도조약의 역사상을 바로잡는 데도 기여할 것이다.

뜻밖의 봉변,
운요호雲揚號 사건

김흥수

서울대학교 국사학과를 졸업한 뒤, 같은 학교 대학원에서 석사와 박사학위를 받았다. 현재 공군사관학교 인문학과 교수로 재직하고 있다.
『한일관계의 근대적 개편과정』, 『근대한국외교문서』 1~5(공편) 등의 저서와 「운요호사건과 이토 히로부미」, 「일본 역사교과서의 강화도조약 기술 검토」 등 근대한일관계사에 관한 다수의 논문이 있다.

뜻밖의 봉변, 운요호雲揚號 사건

1. 들어가며

운요호 사건은 1875년 9월 20일부터 22일까지 3일 동안 운요호의 도발로 강화만에서 조선의 수비대와 교전한 사건을 말한다. 일본에서는 주로 강화도사건으로 부른다. 조선에게는 뜻밖의 봉변이지만 일본의 메이지明治 정부는 이 사건을 치밀하게 준비하였다. 근대 일본의 조선에 대한 최초의 침략행위인 이 운요호 사건에 대한 일본 측의 일반적 인식은 운요호의 의도적 도발은 인정하지만 쇄국정책을 취한 조선의 대외개방을 위해 어쩔 수 없이 무력을 사용하였다는 것이다. 사건의 침략성을 희석하기 위해 조선의 폐쇄성을 강조하는 프레임인 것이다.

사건 이후 일본 정부는 침략의 불법성을 감추기 위해, 운요호의 강화만 접근을 '마실 물'을 구하기 위한 것으로 공식 보고서를 조작하였다. 또 3일의 전투를 마치 하루 만에 치러진 전투로 조작하였다. 9월 22일 영종성 보복공격에서 자행된 도를 넘은 방화와 살상을 초지진 포대의 발포에 대응한 일종의 정당방위로 보이게 하기 위해서였다. 심지어 뒤의 강화도 담판 때 조선 측 대표 신헌이 영해의 무단 침입을 추궁한 발언을 『일본외교문서』에서 빼버리기까지 하였다.

〈그림 1〉 운양함(雲揚艦)은 1868년 영국에서 건조한 목조 기선으로 크기는 245톤, 37m×7.5m이다. 1870년 조슈번에서 구입한 후 1871년 7월 14일 폐번치현으로 메이지 정부에 헌납하였다. 하기(萩)의 난을 진압하기 위해 항해 중 1876년 10월 31일 폭풍우로 침몰하였다.

다행히 2002년 이태진 교수와 스즈키 준鈴木淳 교수에 의해 운요호 사건의 일지가 발굴 소개되면서[1] 3일간의 전투상보를 상세히 파악하는 것이 가능하게 되었다. 그러나 누가 어떤 의도에서 이 사건을 모의했는지 그 전모가 밝혀진 것은 아니다. 그 이유는 관련 자료가 공개되지 않고 있기 때문이다. 일례로 현재 아시아 역사자료센터(www.jacar.go.jp)에서 방위성 방위연구소 소장의 해군성 문서를 일부 공개하고 있는데, 1875년도『공문유찬公文類纂』은 공개하지 않고 있다. 『공문유찬』은 해군성이 접수한 각종 공문을 종류별로 분류하고 이를 다시 연도별로 정리하여 모아 놓은 것이다. 메이지 원년(1868년)부터 메이지 15년(1882년)까지 다 있는데 유독 운요호 사건이 일어난 해인 1875년도 분은 보이지 않는다.

운요호 사건은 국교 재개를 위한 이전의 평화적 교섭을 무위로 돌리고 침략과 저항이라는 불행한 근대 한일관계의 시발점에 해당한다. 따라서 앞으로 양국의 바람직한 관계를 모색하는 데에도 이 사건의 전모를 밝히는 것은 유용한 시사를 줄 것으로 기대한다.

---

1) 이태진,「雲揚號 사건의 진상: 사건 경위와 일본국기 게양설의 진위」『朝鮮의 政治와 社會: 崔承熙敎授 停年紀念 論文集』, 集文堂, 2002.
   鈴木 淳, 「'雲揚'艦長井上良馨의 明治八年九月二九日付け江華島事件報告書」, 『史學雜誌』111-12, 2002.

2. 제1차 운요호 시위운동

1) 메이지 유신 이후 양국의 국교 재개 교섭

메이지유신 이후 신정부는 조선과의 통교를 대마도에게 맡기는 한편 왕정복고를 조선에게 알리도록 하였다. 1868년 12월 대마도는 대마도주 명의의 서계를 작성하여 대수사大修使를 파견하였다. 그런데 이 서계에 종래의 관례와 달리 황, 칙 등의 문자를 사용하여 이른바 서계書契(외교문서)문제가 발생하게 되었다. 그렇다고 이 서계가 조선을 신하의 나라로 삼으려는 의도에서 황, 칙 등의 용어를 사용한 것은 아니었다. 조선과 청나라가 외교문서를 왕복할 때 황실과 관련된 용어는 본문보다 석자를 올리지만, 이 서계에서는 두 자만 올렸기 때문이다. 막부의 쇼군을 의미하는 대군大君과 조선의 국왕과 관련된 글자는 모두 두 자를 올려 상호 대등함을 나타낸 이전의 형식을 따랐다고 볼 수 있다. 박규수가 서계 수용을 주장한 이유는 바로 여기에 있었다.

그러나 조선 조정은 전년도 야토 준슈쿠八戸順叔의 정한론征韓論을 상기하면서 이 서계에 의구심을 가질 수밖에 없었다. 중국에서 발행된 신문에 게재된 야토의 정한론은 "조선이 5년에 한 번씩 조공하지 않아 대군이 260명의 제후와

80여 척의 화륜선을 거느리고 조선을 치려한다"는 내용이다. 야토가 정한의 근거로 내세운 조공은 물론 허구이지만, 이 조공 문제가 대수사서계의 황, 칙 용어와 연결되어 의구심을 가지는 것은 너무나 당연하다 하겠다. 더욱이 당시의 대원군 정권은 메이지 신정부가 아직 안정되지 않았다고 판단하여 국교재개 교섭에 적극적으로 나서지 않았던 것이다. 반면에 메이지 신정부는 조선과의 국교가 신정부의 정통성을 확보하는데 무엇보다 필요하였으며, 일부 정치가는 급격한 변혁에 따른 일본 국내의 혼란을 호도하는 방편으로 정한론을 주장하는 등 조선 문제를 정략적으로 활용하려 하였다.

사실 당시에 양국이 국교를 재개할 수 있는 합리적 방안이 없었던 것도 아니다. 종래 조선과 막부의 중개자인 대마도주 소씨宗氏를 파견하여 기존의 관계를 정리하고, 황·칙의 서계문제를 해결할 수 있는 정부 대 정부의 대등한 조약을 체결할 수도 있었다. 그러나 메이지 신정부는 소씨를 파견하면 국교는 재개할 수 있어도 전략적 요충지인 부산의 왜관을 확보할 수 있다는 보장이 없었다. 임진왜란 이후 조선 정부가 대마도인에게 거주를 허락한 왜관을 메이지 신정부는 대륙으로 진출할 수 있는 교두보 내지 대륙의 정보를 체크할 수 있는 국권의 하나로 여겼다. 급기야 1872년 9월 하나부사 요시모토花房義質 외무 대승大丞을 파견하여 조선정부와 협상을 거치지 않고 왜관을 점거하기에 이른다. 왜관의 불법 점거는 양국 관계를 더욱 악화시켜 이른바 정한론정변(1873년 10월)의 도화선이 되었다.

정한론정변 이후 일본 정부는 소씨의 파견을 다시 추진하고 그 사이 조선에서는 고종이 친정하면서 대일 교섭에 적극적으로 나서게 된다. 조선의 정세변화와 소씨 파견 여부의 탐색을 위해 파견된 모리야마 시게루森山茂는 조선의 적극적 교섭에 고무되어 탐색의 본무를 벗어나 교섭을 진전시켰다. 그 결과 동래부사와 모리야마 시게루森山茂 사이의 협정이 성립되었다(1874년 10월). 이 협정에서 합의한 것은 일본 정부에서 외무경 서계를 새로 작성하여 오면 조선 정부가 이에 회답하는 예조판서의 서계를 작성하여 준다는 정도이고, 예조판서 서계를 지참한 조선 사절이 일본을 방문하는 문제나 표민 송환, 왜관에서의 자유무역 등 교제절목에 관련된 현안은 모두 외무경 서계를 지참한 사절이 조선에 파견된 이후 논의하기로 하였다.

이 협정에 따라 모리야마는 1875년 2월 이사관의 자격으로 파견된다. 이 모리야마 이사관의 파견은 양국의 국교재개를 평화적으로 해결할 수 있는 마지막 기회였다. 그런데 새로 작성된 서계는 훈도의 처벌을 요구하고, 기존의 관례와 달리 국호로 '대일본'을 사용하거나 일본문으로 작성하는 등 동래부사–모리야마 협정의 정신과는 배치되는 내용이었다. 이렇게 고압적인 서계를 작성한 이유는 교섭의 주도권을 장악하여 조선으로부터 통신사급의 고관 파견을 유도하기 위함이었다. 조선에서 고관이 파견될수록 정한론을 매개로 반정부운동을 벌이는 세력에게 타격을 줄 수 있기 때문이다. 모리야마는 조선으로 출발하기 전에 벌써 정부에 군함파견을 요청하는데, 이는 이사관의 교섭이 동래부사–모리야마 협정의 범위를 뛰어넘는 과도한 요구를 담고 있음을 의미한다.

2) 운요호의 시위운동

모리야마가 이사관으로 파견되자 조선 정부는 동래부사에게 왜관에 가서 연향宴饗을 설행하고, 격식을 어긴 서계를 고쳐오도록 하라고 지시하였다. 그런데 모리야마는 사절을 위로하는 의식인 연향에서 대례복(서양복) 착용을 고집하여 교섭은 초입부터 갈등을 일으킨다. 조선 정부는 훈도를 처형하는 등 일본의 요구에 부응하면서도 서양인의 혼입을 우려하여 연향의식에서의 서양복 착용은 강경하게 거부하였다. 교섭이 난항을 겪자 모리야마는 부관인 히로츠 히로노부廣津弘信와 수행원 오쿠 기세이奧義制를 도쿄에 보내 군함 파견을 요청하였다. 1875년 4월 23일 히로츠는 태정관太政官에 정원正院에 출두하여 아래와 같이 건의하였다.

지금 그 나라 경황을 탐지하니 민재상(民宰相; 병조판서 민승호-필자)이 횡사하고 대원군이 입성하여 양당이 자못 알력의 형세이다. (중략) 지금 그들이 내홍 중이고 쇄양당(攘鎖黨)이 아직 그 세력을 이루지 못한 틈을 타면 힘을 많이 들이지 않고 일을 이루기 쉽다. 우리 군함 1, 2척을 파견하여 대마도와 그 나라 사이를 오가며 은근히 해로를 측량하면서 그들로 하여금 우리의 뜻이 어디에 있는지 추측 할 수 없도록 해야 한다. 이렇게 우리 이사관의 교섭이 늦어지는 것을 독촉하는 모양을 보이고 압박하는 교섭을 진행하면 안팎의 도움으로 인해 교섭을 빠르게 마무리할 수 있고 조약을 체결할 때에도 얼마의 권리를 얻을 수 있음은 필연의 세이다. 하물며 미리 그들 바다를 측량함은 앞으로 일이 있거나 없거나 우리에게 필요한 일이 아닌가. 1,2척의 적은 파견은 타일 혹 크게 파견하지 않을 수 없는 근심이 없기를 바라는 뜻으로 감히 경솔히 흉기를 이웃나라에 휘두르기를 바라는 것이 아니다.

조선의 내홍을 틈타 군함을 파견하여 교섭을 압박해야 한다는 건의이다. 이 건의에 대해 외무성 수뇌부는 사태의 악화를 우려하여 군함파견에 미온적 태도를 보이자, 오쿠기세이는 가와무라 스미요시川村純義 해군대보를 찾아가 군함파견을 요청하고 가와무라는 군함 파견을 정원에 건의하게 된다. 당시 참의 이타가키 타이스케板垣退助는 군함 파견이 내치의 개선을 표방한 내각의 정책과 모순된다고 반대하였지만, 산조 사네토미三條實美 태정대신은 이를 묵살하고 군함 파견을 승인하였다. 산조 태정대신이 군함 파견을 승인한 것은 시마즈 히사미츠島津久光 좌대신의 복제 복구 주장과 관련이 있다. 급격한 서양화 정책에 불만을 품은 시마즈 히사미츠 좌대신은 복제의 복구를 봉직의 조건으로 내걸면서 줄기차게 복제의 복구를 요구하였다. 화족華族과 사족士族의 광범위한 지지를 받고 있는 시마즈가 복제의 복구를 봉직의 조건으로 내건 상태에서 대외적으로 신복제를 관철하지 못하면 대내적으로 복제 복구 요구를 억제할 수 없는 상황이었다. 5월 25일 왜관에 입항한 운요호는 이후 부산 연해를 측량하거나 훈련이라는 이름으로 크고 작은 포를 발사하면서 시위운동에 종사하였다. 6월 13일에는 훈도 현석운 등이 전날 도착한 제이테이보호第二丁卯號의 문정을 위해 승선하자 포격연습의 이름으로 운요호와 함께 시위운동을 전개했다. 이후 운요호는 조선의 확답을 기다리는 사이 동해안 해로연구라는 이름으로 동해안을 측량한다. 6월 22일부터 24일까지 4일 동안 영흥만에 정박하여 측량한 결과 영흥만이 부산 다음의 양항良港임을 확인하고, 상륙하여서는 조선의 군비가 저열함을 확인하였다. 나아가 이 지역은 식량과 소금이 풍부하기 때문에 만약 교전하게 되면 이를 식량으로 삼아야 한다고까지 하였다. 6월 27일부터 28일까지 영일만에 상륙하여서는 조선 군인이 휴대한 무기가 일본의 고총古銃이나 죽창과 같은 매우 저열한 것임을 확인하였다. 6월 29일 부산에 도착한 운요호의 이노우에 요시카井上良馨 함장은 교섭이 결렬된 것을 확인하고 차후의 진퇴를 품의하기 부산을 출항하였다. 7월 1일 나가사키에 도착한 이노우에는 "밤낮으로 출병의 지령을 기다린다"고 정한 출정을 건의하였다. 다른 나라가 소유하면 일본이 세력을 펼 수 없으니, 일본의 기초를 다지고 세계로 웅비하기 위한 사다리로 삼기 위해 조선을 차지해야 한다고 주장한 것이다.

이것이 이른바 운요호의 제1차 시위운동이었다. 그러나 이 시위는 조선의 확답을 촉진시키기는 했지만, 모리야마가 기대한 '성원'이 된 것이 아니라 오히려 역효과를 초래했다. 조선 정부 내의 개항론자와 온건파의 입지를 약화시키는 결과만 가져왔다. 세계 척퇴를 결정지은 6월 13일의 어전회의 모습에 대해 박규수는 "무릇 대신이나 재신宰臣의 뜻은 말하지 않아도 살필 수 있다. 흉중에는 세계를 받고 싶은 생각이 있으나 앞으로의 조처 때문에 감히 발설하지 못하고 모두 겁을 먹고 애매한 상태로 있다. 이는 무엇 때문인가. 지금 그들의 화륜선이 병사를 싣고 온 것을 보면, 비록 그들이 사절을 호위한다고 칭하고 있으나 협박의 뜻이 확연함을 알 수 있다"고 하였다. 흔히 이를 대원군 때문에 중신들이 서계 수용을 공공연히 발설하지 못했다고 해석하면서 교섭 결렬의 책임도 대원군의 재등장에 따른 조선의 정치정세 변화에서 구하는데 이는 의도적 곡해이다. 중신들이 서계 수용을 공공연히 주장하지 못한 이유는 대원군을 의식한 것이 아니라 위의 인용에서 보듯이 바로 서계를 수용하면 협박에 굴복하는 인상을 줄 것이고, 이렇게 되면 이후에도 협박이 있을 때마다 매번 양보해야 한다는 우려 때문에 공공연히 서계 수용을 주장하지 못했던 것이다. 이러한 이해는 일본에서의 평가와도 맥을 통하고 있다. 강화도 조약 체결 직후 그간의 경위를 정리한 『조선심교시말朝鮮尋交始末』에서 "히로쓰 히로노부의 재항再航은 오로지 군함의 기세에 의뢰했으니, 그들이 우리의 진퇴에 매우 주의하는 때에 군함이 잇달아 이르는 것을 보자 더욱 그 의심하고 두려워하는 마음이 커졌다. 히로쓰가 처음부터 지목하여 통화通和의 요구要具로 삼았던 군함은 변해서 거절의 성루城壘로 되어, 범례가 옛날과 다르면 허용할 수 없다는 확답을 얻었다"

고 하여 교섭 촉진의 도구로 삼았던 군함의 파견이 오히려 교섭을 결렬로 이끈 핵심 요인임을 냉정하게 평하였다.

서양복으로 연향의식을 거행할 수 없다는 조선 조정의 결정이 전해지자 모리야마 이사관은 진퇴를 품의하기 위해 부관 히로쓰와 오쿠 기세이奧義制를 도쿄로 보낸다. 히로쓰는 7월 19일 산조 태정대신에게 퇴거할 경우에는 해륙군 대좌를 겸한 대승 이상의 관리를 다시 파견하고, 진퇴에 관계없이 먼저 청에 조회照會해야 한다고 건의하였다. 더욱이 8월 18일 오쿠 기세이는 기도 다카요시木戶孝允 참의에게 전 대마도주 소씨宗氏의 파견을 건의한다. 이사관이 쟁단爭端을 일으키지 않은 상태에서 속히 귀국시키고 소씨를 평복(일본복)으로 파견시켜 서양복이나 대일본 글자 등 지엽말단에 얽매이지 말고 속히 양국의 우호를 되찾아야 한다고 역설하였다(『木戶孝允關係文書』 2, 2007, 300~303쪽). 조선의 요청을 받아들여 우호를 수립한 다음에 서서히 조약을 체결하고 통상을 확대해야 한다는 주장이다. 소씨도 9월 9일 기도를 찾아가 스스로 조선에 가겠다는 의사를 표명하였다. 이처럼 제1차 운요호 시위운동이 실패한 이후에도 일선에서 교섭을 담당한 실무관료들은 새로운 고관을 파견하여 다시 협상을 이어가거나 소씨의 파견을 다시 추진하여 협상할 것을 고려하고 있었다. 협상 담당자들은 평화적 협상에 의한

국교 재개의 가능성이 완전히 단절된 것으로 보지는 않았다는 의미이다. 흔히 운요호 사건을 제1차 운요호 시위운동의 연장선상에서 일어난 것으로 이해하지만, 위의 맥락에서 볼 때 운요호 사건은 기존의 교섭과 연속된 것이 아니라 완전히 다른 차원의 산물임을 말해준다.

3. 운요호 사건의 기획

1) 정치적 배경

운요호 사건 소식을 접한 사이고 다카모리西鄕隆盛는 1875년 10월 8일 시노하라 구니모토篠原國幹에게 보낸 서한에서 이 사건의 정략성을 설파한 적이 있다. 무단으로 측량하여 전단을 연 것은 대의 명분에 어긋난다고 비판한 그는 "카라후토樺太(사할린) 건으로 러시아의 환심을 샀기 때문에 카라후토 문제로 분란이 이는 것을 막기 위해 일을 일으킨 것인지도 모르겠다. 혹은 정부가 이미 와해의 기세라서 어떻게 할 방법이 없어 전쟁으로 국내의 분노를 흩날리려 한 것인가. 모두 술책에서 일으킨 것"(『大西鄕全集』 2, 844쪽)으로 보았다. 카라후토 치시마千島(쿠릴 열도) 교환조약(1875년 5월 7일

조인, 8월 22일 비준)에 따라 사할린을 러시아에 넘겨준 것에 대한 불만을 호도하거나 무너져 가는 정부의 돌파구를 찾기 위해 사건을 일으켰다는 것이다. 국내문제를 해결하기 위한 수단으로 외교문제를 활용하는 것은 동서고금을 막론하고 흔히 있는 일이지만, 운요호 사건은 그 전형적인 사례의 하나라 할 수 있다.

운요호 사건이 발생하기 직전 일본의 국내 정세는 유사전제有司專制(관료독재)의 오쿠보 도시미치大久保利通 정권에 대항하여 시마즈 히사미쓰島津久光 등의 봉건파와 이타가키 다이스케板垣退助 등의 자유민권파가 권력투쟁을 전개한 시기였다. 1873년 10월 정한론정변 이후 사이고 다카모리 등 다섯 참의의 사퇴로 메이지유신 추진세력이 대분열을 겪게 되자 정권에 남은 이와쿠라 도모미岩倉具視, 오쿠보, 이토 히로부미 등은 유사전제를 강화하면서 정부 주도의 위로부터의 근대화를 추진했다. 사이고를 제외한 하야 참의들은 이타가키를 필두로 1874년 1월 '민선의원 설립 건백서'를 발표하고 자유민권운동을 전개했다. 이들은 사족과도 연계하여 유사전제에 대항하면서 입헌제도 실현을 추구하였다.

고립무원의 오쿠보 정권은 대만 출병을 반대한 기도 다카요시木戶孝允와 자유민권운동을 전개한 이타가키를 참의로 등용하여 정부를 강화하였다(1875년 2월의 오사카 회의). 이 삼자는 입헌정체를 수립한다는 원칙에 합의하여 입법부로 원로원 설치, 사법부로 대심원大審院 설치, 지방관 회의 소집, 내각 분리 등의 정치개혁안을 마련하였으며 이 개혁안은 4월 14일 조직으로 확정되었다. 내각 분리는 각 행정부省의 장관인 경卿이 국가의 주요정책을 결정하는 참의를 겸임하는 제도를 폐지하는 것이다. 일부 장관이 참의를 겸임함에 따라 내각에서 종종 자기 부서의 비대화를 꾀하여 각 성간의 갈등이 첨예했기 때문에 분리하기로 한 것이다.

그런데 이 정치개혁을 추진하는 과정에서 삼자는 방식과 개혁의 속도를 둘러싸고 이견을 드러내게 된다. 특히 이타가키와 그를 추종한 서양에서 유학한 젊은이들은 서양 모델에 따라 지방관 회의를 하원, 원로원을 상원으로 발전시키려 하였다. 이타가키는 원로원을 순수한 입법기관으로 발전시켜 행정부를 견제하려 하였으며 내각분리를 줄기차게 요구한 것도 정부의 약체화를 꾀하기 위해서였다. 점진적인 입헌정체 수립을 구상한 기도는 이타가키의 이러한 급진적 움직임에 불만을 품게 되고, 오쿠보 정권은 원로원의 권한 강화에 대응하기 위해 7월 3일 내각에 법제국을 설치하고 그 장관에 이토 히로부미를 임명하였다. 9월 초에 마련한 이토의 원로원 장정은 원로원의 입법권을 부정하고 단순히 법률을 논의하는 '의법관議法官'으로 그 기능을 제한

하는 것이었다(『大隈重信關係文書』 6, 2004, 119~120쪽). 9월 1일 산조 태정대신이 기도에게 보낸 서한에서 "내각 분리가 지연되면 이타가키가 진퇴를 걸고 압박할 것이다. 이타가키는 분리한 뒤에 원로원의 입법권을 확립하여 입법부로서의 위상을 세우려하기 때문에 이토가 조사한 장정은 시행하기 어려울 것"으로 보인다고 한 것처럼 당시의 상황에서 이타가키의 반대는 명약관화한 사실이었다.

이러한 상태에서 산조 태정대신은 이토를 통하여 오쿠보와 기도의 결합을 도모한다. 당시 기도는 대장성大藏省 개혁에서 이타가키와 입장을 같이하여 이를 반대한 오쿠보와 대립하는 형국이었다. 산조는 "대장경大藏卿 오쿠마 시게노부大隈重信를 파직하면 오쿠보도 묵지하지 않을 것이다. 이타가키와 기도 사이는 깨어져도 할 수 없지만, 기도와 오쿠보 사이가 깨어지면 그 파급하는 바가 매우 크기" 때문에 기도가 원하는 이노우에 카오루井上馨를 내무경으로 등용하는 대신 오쿠보의 의견을 존중하여 오쿠마 시게노부의 대장경 경질을 유보하는 식으로 기도와 오쿠보의 결합을 획책하였다. 당시 이노우에 카오루는 오사리자와尾去澤 광산 사건으로 재판 중이었다. 오사리자와 광산을 소유한 모리오카번盛岡藩은 막부 말기에 재정위기로 번의 어용상인인 무라이 모헤에村井茂兵衛에게 대부의 담보로 광산의 채굴권을 넘겼는데,

1871년 폐번치현 이후 모리오카번이 외채를 갚지 못하자 대장대보 이노우에가 이 광산을 빼앗아 자신의 소유로 하였다. 졸지에 파산한 무라이가 소송을 제기하고 당시 사법경 에토 신페이江藤新平가 이노우에를 구속하려 했지만 조슈파長州派의 저항으로 이노우에의 대장대보 사직만으로 마무리하려 하였고 재판은 진행되지 않았다. 이노우에는 뒤에 강화도담판의 전권사절 부대신으로 임명되면서 원로원 의관으로 복직되고 이 사건에서도 벗어나게 되었다.

한편 이 무렵 메이지 정부의 급격한 서양화정책에 불만을 품은 화족華族과 사족士族은 산조 태정대신을 배척하고 좌대신 시마즈 히사미쓰를 태정대신에 옹립하려는 운동을 벌인다. 앞에서 본 것처럼 시마즈는 복제의 복구를 요구하였으며 태정대신 산조는 시마즈에게 앞으로 설립될 원로원의 의장직을 맡기겠다고 하여 이를 겨우 무마할 수 있었다. 7월 17일 원로원이 정식으로 개원되자 시마즈는 산조에게 원로원 의장 임명을 압박한다. 이 사실이 알려지다 오쿠보·기도·이토는 공동전선을 형성하여 이를 막는다. 원로원을 중심으로 화사족華士族과 자유민권파가 결합하여 그들의 세력을 확장하는 것을 우려했기 때문이다. 이들은 산조로 하여금 천황에게 주청하도록 하여 시마즈 좌대신을 원로원 의장으로 임명한 4월 14일의 조칙을 번복시켰다. 시마즈 문제가 일단락된 8월 1일 기도는 이토에게 보낸 서한에서"결국 퇴신退身이 상책이다"라 하여 시마즈를 정계에서 퇴출하고자 하는 속내를 드러내었다.

시마즈 좌대신의 원로원 의장 겸임을 번복한 것을 계기로 화족과 사족들은 산조 태정대신을 배척하고 시마즈를 태정대신에 옹립하려는 운동을 적극적으로 전개한다. 고치현高智縣 사족 오카모토 잇포岡本一方는 8월에 나라의 중심은 시마즈 대신뿐이라는 건백서를 올리고, 9월 6일에는 메이지 천황의 외할아버지인 나카야마 다다야스中山忠能 등 8명의 화족이 연명으로 산조 태정대신이 원로원 의장 겸임의 내칙을 갑자기 변경한 것은 졸렬한 처사로, 오사리자와尾去澤 광산 사건의 재판 처리 지연은 인심의 이반을 초래했다고 산조의 실정을 공격하였다.

2) 운요호 사건의 기획

이타가키 등 급진파가 내각분리를 촉구하고 화·사족들이 정부를 공격하면서 시마즈 추대 운동을 벌이는 와중에 부아소나드 각서라는 것이 등장한다. 이 각서는 〈그림 3〉에서 보듯이 부아소나드가 1875년 9월 11일에 작성한 것이다.

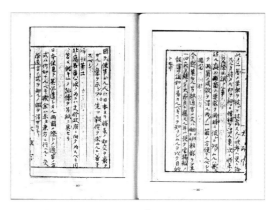

〈그림 2〉 부아소나드 「각서」(太政官 용지)

〈그림 2〉에서는 "별지 통고의 글(훈조)은 조선으로 하여금 그 구교를 계승하는 대원칙에 응할 때 운요함의 배상은 조화되기 쉬울 것임을 알게 하는 것을 목적으로 했다"고 하

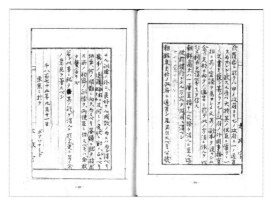

〈그림 3〉 부아소나드 「각서」 끝부분

여 운요호 사건을 일으킬 것을 전제로 하여 훈령이 작성되었음을 알 수 있다. 운요호 사건은 9월 20일부터 발생하고 9월 11일은 운요호가 나가사키를 출항하는 하루 전이기 때문에 이 문건은 운요호 사건이 사전에 기획되었음을 보여주는 결정적 자료라 할 수 있다.

이 문건은 일본의 궁내청 서릉부書陵部 소장의 이토 히로부미 문서를 2007년도에 유마니서방ゆまに書房에서 원문 그대로 영인한 『이토 히로부미 문서伊藤博文文書』 1권에 수록되어 있다. 이 각서는 두 부가 작성되었는데 하나는 태정관 용지에 다른 하나는 〈그림 4〉에서 보듯이 공부성工部省 용지에 기재되어 있다. 당시 공부성의 장관인 공부경은 이토 히로부미 참의였다. 공부성은 말 그대로 공업을 담당하는 관청으로 외교·군사 문제를 다룬 이 각서가 공부성 용지에 작성되고 이토가 소장한 것이 기이하지 않을 수 없다.

이 각서를 작성한 부아소나드(G.E.Boissonade, 1825~1910)는 "일본 근대법의 아버지"라고 불릴 정도로 일본의 근대법 체계 수립에 지대한 공헌을 한 인물로, 일본에 도래한 초기에는 주로 대만 출병, 임오군란 등과 관련된 국제법 자문에 종사하였다. 1873년에 도일한 부나소나드는 원래 사법성에서 고용했지만 1875년 9월에 태정관 법제국 어용괘御用掛를 겸임하여 법제국에서 법률자문을 맡았다(梅溪昇, 『お雇い外國

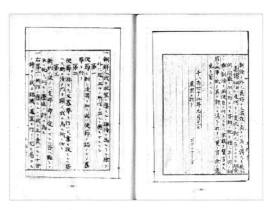

〈그림 4〉「각서」끝부분(공부성 용지)과 비밀훈조

人の硏究』상권, 2010, 334~335쪽). 앞서 보았듯이 태정관 법제
국은 원로원에 대응하기 위해 1875년 7월 3일 내각에서 만
든 것으로 이토가 장관을 겸임하였다. 여기서 부아소나드
가 9월에 법제국으로 온 점을 주목할 필요가 있다. 이미 9월
초가 되면 이토 주도로 진행된 원로원 장정의 개정이 완료
된 시점이기 때문에 이 문제로 부아소나드를 고용하지는
않았을 것이다. 운요호 사건 이후에도 부아소나드가 몇 건
의 각서를 작성한 것을 고려하면 순전히 운요호 사건의 기
획과 사후처리를 위해 고용한 것으로밖에 볼 수 없다.

이후 이토는 구로다 기요타카黑田淸隆 사절단 파견의 전 과
정을 지휘하고 통제한다. 구로다 사절단의 파견을 알리는
선보사先報使 파견에서부터 구로다가 부산에서 2대대 증파를

요청한 것을 거절한 것, 그리고 사절 파견의 핵심 사안인 훈령과 비밀훈령 작성도 이토가 주도하였다. 운요호 사건을 일으키고 이를 빌미로 조선과 새로운 조약을 체결한다는 구상을 기획한 이토가 이후의 과정을 담당하는 것은 너무나 당연한 귀결이라 할 수 있다.

그러면 왜 이토가 이전의 교섭을 무위로 돌린 운요호 사건을 기획했을까? 운요호 사건이 일어난 후 일본 국내에서 진행된 사태를 보면 이를 명료하게 이해할 수 있다. 사건 이후 1873년의 이른바 정한론정변의 재판이라 할 수 있는 10월 정변이 일어난다. 10월 6일 산조 태정대신과 오쿠보, 이토 참의는 운요호 사건이라는 '사정 일변'을 이유로 내각 분리 논의의 중단을 획책한다. 10월 6일은 운요호 함장이 상경하기 전날로 아직 운요호 사건의 실상을 상세히 모르는 시점이었다. 이렇게 발 빠르게 그리고 조직적으로 움직인 것은 단순히 운요호 사건을 기회로 정치 문제를 해결하려 했다기보다는 이미 운요호 사건의 기획 단계에서 구상한 예정된 수순을 밟고 있다는 인상을 지울 수 없다. 10월 8일 산조가 발설하고 오쿠보와 이토가 이를 지지하기로 내의한 상태에서, 그리고 기도의 지지까지 확보한 다음 이 문제를 각의에 부쳤다. 산조가 조선에서의 돌발사건에 비추어 내각과 성의 긴밀한 협조가 필요하다는 이유로 양자의 분리 중단을 주장하자 이타가키는 "평시에 이미 내각 분리가 지당하다고 결정한 것이 어째서 유사시에 실행 못할 리가 있는가"라고 통론痛論했다. 이어서 12일에 이타가키는 산조의 태도 변화를 힐책하는 상주서를 올리고 시마즈도 이에 동조하게 된다. 10월 19일 천황은 운요호 사건을 이유로 내각분리 논의의 중단을 지시하고 이에 불복한 시마즈는 태정대신을 탄핵하는 밀주를 올린다. 이후 태정대신의 면직을 요구하는 건백서가 각하되고 시마즈와 이타가키가 사직함에 따라 이 둘은 정계에서 퇴출되었다. 운요호 사건을 계기로 오쿠보 정권은 반정부 세력인 급진파와 수구파 모두를 몰아내는데 성공한 것이다.

4. 운요호 사건의 실상

제1차 운요호 시위운동을 마치고 1875년 7월 1일 나가사키에 돌아온 운요호 함장 이노우에 요시카井上良馨는 모리야마 이사관의 교섭상황을 해군성에 보고하고 앞서 본 것처럼 정한 출병을 건의하였다. 그 사이 운요호는 가고시마 탄약 공장에 가서 탄약을 적재하고 나가사키에 돌아왔다. 당시 해군성은 이노우에의 건의를 수용하지 않고 운요호의 홋카이도 항해를 명령했다. 1924년 5월 이노우에 원수가 해군대학교담화회에서 구술한 것을 편집한『해군일화집』(제1집, 유종회(有終會), 1930년)에 따르면 당시 이노우에 소좌는 자신의 건의가 수용되지 않으면 이함離艦할 생각을 갖고 일단 홋카이도로 가기 위해서는 겨울 채비가 필요하다는 이유로 도쿄 항해의 허락을 얻었다 한다. 이노우에는 도쿄로 가는 도중에 효고兵庫에서 석탄을 관리하는 판임관判任官으로부터 해군경(당시 해군의 최고 책임자는 가와무라 스미요시 해군대보-필자)이 고베神戶에 들른다는 사실을 전해 듣는다. 해군대보 가와무라 스미요시川村純義는 이시카와현石川縣 나나오七尾 항구에 설치한 기계의 검사를 위해 출장하였다.『태정관일지』 1875년 111호에 따르면 8월 28일에 출장 명령이 내려졌기 때문에 가와무라가 고베에 도착한 것은 9월 초로 보인다. 고베로 가서 가와무라를 만난 이노우에는 홋카이도 항해를 따지고 탄원하여 마침내 중국 잉커우鶯口 항해의 허락을 얻었다 한다(『해군일화집』 제1집, 10쪽).

위에서 언급한 이노우에 원수의 구술처럼 그의 독자적 의지로 조선 서해안의 항해가 이루어졌는지 의심스럽다. 상명하복을 생명으로 하는 군대조직에서 하관이 상관에게 자신의 의지를 관철시키는 것 자체가 자연스럽지 못하다. 그리고 작은 항구의 시설을 점검하기 위해 해군의 최고책임자가 직접 나나오로 출장 가는 것도 납득이 되지 않는다. 게다가 도쿄로부터 육로로 가면 가까운 나나오를 굳이 고베를 거쳐 엄청나게 우회하는 것도 이상하다. 아무튼 분명한 점은 가와무라와 이노우에가 고베에서 만났다는 사실이다. 아마 이 자리에서 가와무라는 이노우에 함장에게 행동지침을 전했을 것이다.

〈그림 5〉의 자료는 2002년 이태진 교수와 스즈키 준鈴木淳 교수에 의해 소개된 운요호 사건의 일지이다. 이 일지를 토대로 운요호 사건의 실상을 재구성하면 다음과 같다.

9월 12일 오후 4시에 나가사키를 출항한 운요호는 9월

〈그림 5〉 明治 8년 孟春·雲揚 조선회항기사

19일 오후 4시 32분 영종성을 북서로 바라보면서 월미도 연안에 닻을 내린다.

9월 20일 오전 8시 30분 월미도를 출발한 운요호는 오전 10시에 영종성 위쪽의 매도鷹島를 북서로 바라보면서 닻을 내린다. 오후 1시 40분에 함장 이하 20명은 "측량 및 검색 그리고 당국 관리에 면회하여 여러 가지를 물어보려고" 단정端艇을 타고 강화도로 향해 나아간다. 마실 물을 구하기 위한 것이 아니라 측량을 하면서 의도적으로 접근한 것이다. 오후 4시 7분에는 항산도項山島 포대를 통과하면서 이곳의 병비가 허술한 것을 확인한다.

오후 4시 22분에 초지진 포대 앞에 도착하여 "해가 아직 높기 때문에 조금 깊이 들어갔다가 돌아오는 길에 상륙하기로 결정"하고, 오후 4시 30분에 영문營門 및 포대 앞을 이미 지나려할 때에 단정을 겨냥하여 영문 및 포대에서 갑자기 대소포를 난사하자 준비한 소총으로 이에 응사하였다. 초지진 포대로 바로 접근하지 않고 포대를 지나쳐 깊숙이 들어감으로써 포격을 유도했음을 보여준다. 이노우는 출범 전에, "그들이 만일 발포 따위를 하면 다행이다"라고 몰래 동지에게 얘기하고 다녔다 한다(『保古飛呂比 佐佐木高行日記』 6, 1975, 301쪽). 오후 4시 57분에 발포를 멈추고 오후 9시에 운요호로 돌아왔다.

9월 21일 오전 4시에 기상하여 오전 8시에 돛대에 국기를 게양한 후 이노우에 함장은 "무릇 오늘 전쟁을 일으키는 까닭은 모두 다 알듯이 어제 우리의 단정이 측량하러 갔을 때 초지진 포대로부터 한 번의 심문도 없이 어지러이 발포하여 크게 곤란했다. 이대로 내버려 둘 때에는 국욕國辱이 되고 또 군함의 직무를 다하지 못하는 것이다. 따라서 오늘 그들 포대에 향하여 그 죄를 치려한다"고 하면서 초지진 포대로 향해 나아갔다.

10시 42분에 초지진 포대 앞에 이르렀다. 더 가까이 정박하려 했으나 수심이 얕고 조류가 맹렬하고 암초가 흩어져 있어 약 1,750미터 떨어진 곳에 닻을 내렸다. 바로 거리를 시험하기 위해 40파운드 포를 발포하자 초지진 포대에서 8분 뒤에 역시 발포했다. 운요호의 선제공격으로 전투가 이루어진 것이다. 운요호는 12시 40분까지 1시간 50분 동안 110파운드 포와 40파운드 포를 27발 발사하여 초지진 포대의 흉벽胸壁 두 곳을 격파했다. 초지진 포대에서의 발포는 운요호에 타격을 주지 못했고 장전과 발포 사이에 수십 분이 걸렸다 한다.

초지진 포대 공격이 큰 성과를 내지 못하자 운요호는 육전陸戰을 벌일 것을 원했으나 수심이 얕고 갯벌이 깊어서 단념하고 12시 56분에 닻을 올렸다. 오후 1시 15분 항산도 포

〈그림 6〉 무라이 시마즈(村井靜馬) 편,
『明治太平記』에 나오는 영종성 공격 상상도

대 아래에 닻을 내려 점심을 먹고, 오후 2시 40분에 포대에
상륙하여 모두 불태워버린다. 초지진 포대 공격이 소기의
목적을 달성하지 못하자 일종의 분풀이로 병비가 허술한
항산도 포대를 불태운 것이다. 운요호는 오후 6시 5분에 항
산도 포대를 출발하여 7시 33분에 매도의 남쪽에 도착했다.

9월 22일 오전 5시에 기상한 운요호는 5시 55분에 닻을
올리고 영종성으로 향했다. 초지진 포대 공격이 실패하자
상대적으로 방어가 취약한 영종성에 대한 기습공격을 노린
것이다. 굳이 운요호가 영종성을 공격한 것은 운요호가 입
은 손해의 배상을 구실로 담판을 여는데 필요한 일본군의
흔적을 남기기 위해서였다.

운요호는 7시 18분 영종성 전방 약 870미터 지점에서 각종 포를 발사하며 나아갔다. 기습공격에 허를 찔린 영종성의 조선군은 응포應砲도 하지 못한 채 전투를 위해 모였다. 운요호는 7시 39분에 성곽 앞에 닻을 내리고 육전 준비를 한다. 7시 43분에 오가사와라小笠原 중위 등 28명이 단정 2척에 나눠 타고 해안에 접근했다. 이들은 영종성 포대의 방어를 뚫고 성문으로 육박하였다. 이곳에서 쌍방은 약 8분 정도 격렬한 전투를 벌인다. 그 사이 동문에서 쓰노다角田 소위와 진구지神宮司 소위보의 명령으로 수병이 성벽을 타고 넘어가 안쪽에서 문을 열었다. 동문으로 진입한 운요호 병사들은 동문, 북문, 서문의 3면에서 방화 발포하면서 공격하여 영종성을 함락시켰다. 8시 20분까지의 전투에서 영종성 병사 35명이 사살되었고 운요호 병사는 2명만 부상을 입었다. 동문의 성벽을 넘다가 부상을 입은 2명의 수병 중 1명은 귀함한 뒤에 사망하였다.

오전 9시 7분 만세교 등에 척후를 배치하고 운요호의 병사를 상륙시켜 아래의 물품을 노획했다.

銅製砲 21문, 銅製後裝砲 14문(탄환 약간), 동제臼砲 1문, 소총(일본의 옛 三匁銃과 비슷), 소총 鉛丸 약간, 三連砲 일문, 太鼓, 鼓, 창, 刀, 弓箭, 甲冑, 諸旗, 긴 자루의 도끼, 採配, 군복과 모자, 병서류와 기타(서적 70책), 琴, 絃琴, 橫笛, ドラ(징), ミョウハチ(妙鏺, 낫), 각방의 문액, 평상복과 모자, 영종성 도면

성은 모두 태워버리고 생포자 11명은 인부夫卒로 삼아 탈취한 물건을 단정까지 운반하게 했다. 이 중 활과 화살, 곤봉, 검기劒旗, 태고太鼓, 철탄鐵彈, 긴자루 도끼, 장도長刀, 도, 창, 의복(3점), 장식 달린 갓, 소총(2정), 원입포元込砲(탄환을 뒤에서 장전하는 총포), 말꼬리로 만든 갓, 동란胴亂(가방의 일종), 십문자철十文字鐵, 나팔, 갑옷과 투구, 비파 등 23품과 서적 70책은 태정대신을 거쳐 천황에게도 보고되었다. 무게가 무거운 대포 등 기계류는 10월 28일 운요함이 싣고 와서 쓰키지築地에 있는 해군성 병기국兵器局에 격납해 두었다.

오후 10시 30분 모두 철수하여 본함으로 돌아온 운요호 병사들은 밤 2시까지 노획한 악기를 연주하며 승리를 축하하고 전사자의 영혼을 위무하는 주연을 벌였다. 9월 23일 오전 11시에 남겨둔 대포를 마저 싣고, 9월 24일 오전 10시 30분 염하 입구의 작은 섬에서 마실 물을 싣고 출발하여 28일 오전 10시 49분에 나가사키에 귀항하였다.

5. 나가며

운요호의 형적은 대체로 3일이 지난 뒤에야 조선 조정에 보고되었다. 9월 19일 운요호의 월미도 정박은 9월 22일에 항산도 방화는 9월 23일에 영종성 방어 실패는 9월 25일에 각각 보고되었다. 월미도에 정박한 이양선의 문정을 위해 역관을 보내기로 지시한 9월 22일은 이미 영종성이 함락된 때였다. 9월 25일 영종성 방어 실패의 보고를 접한 삼군부는 "어떤 추악한 놈들이 불시에 성을 함락시키고 돌입하여 외진 성의 잔약한 군사로는 막아 낼 길이 없었다고 합니다. 그러나 많지 않은 적도들이 멋대로 날뛰도록 놓아두어 관청이 모두 불에 타버리고 인신印信이 온통 녹아버렸는데도 한 놈의 괴수의 목도 베지 못한 채 5리 밖으로 퇴각해 머물렀다고 하니, 그렇다면 그들이 방비하고 수어한 것은 어떤 일이란 말입니까"라고 통탄해 마지않았다. 국왕 고종도 "이번 영종도의 사건은 분통하고 분통하다"고 울분을 토하였다.

9월 28일 대책을 논의하는 어전회의에서 남양진 관할의 인천을 방어영으로 승격하고 영종이 띠고 있는 경기 수군 방어사, 진무영 좌해방장鎭撫營左海防將 및 감목관을 모두 인천으로 옮겼다. 그리고 뒤에 영종진은 바다 관문의 요충이라는 판단에 따라 복구되었다. 이 자리에서 조선 조정은 영종성 함락의 원인을 적임자를 제대로 뽑지 못한 사람의 문제로 치부하였다. 좌의정 이최응은 "병인양요를 거친 뒤로 10년 동안 군사를 늘리고 성벽을 공고히 하며 무기를 수선하고 군량을 저축했으며 기예를 단련하고 포상으로 격려하고 권장하는 등 조정에서 치밀한 대비책을 지극히 하지 않은 것이 없었다. 대체로 군사를 통솔하는데 적임자를 얻지 못하면 아무리 몇 만의 정예한 군사가 있다하더라도 패하지 않으면 궤멸"된다고 주장하였다. 이최응의 말처럼 진무영의 군비 강화는 대원군집권기 뿐만 아니라 고종 친정기에도 꾸준히 이어졌다.

필자가 보기에 600여 명의 병사가 30여 명의 운요호 병사를 막아내지 못한 것은 진무사의 교체와 관련된 것 같다. 9월 8일 고종은 대신들과 상의도 하지 않은 채 진무사 신헌을 파직하고 문관인 조병식을 강화유수로 임명하였다. 결과적으로 진무사 외등단外登壇(외직으로서 무관의 최고직인 대장) 신헌의 파직은 군심의 이완을 불렀고 전술적인 측면에서도 진무영의 지휘 아래 각 방어영이 유기적으로 협조하여 대처하는 것을 곤란하게 하였다.

역사에서 가정은 부질없지만 만약 운요호의 침략을 막아냈다면 이후의 한일관계는 물론 일본의 역사도 크게 달라졌을 것이다. 일본의 오쿠보 정권은 운요호 사건을 국내 정략에서 활용할 수 없었을 것이며 이듬해의 강화도 담판에서 군함에 병력을 대동한 이른바 포함외교의 추진도 어려웠을 것이다. 즉 1868년부터 계속 이어진 양국의 평화적 교섭에 따라 새로운 국교가 수립되었을 것이다. 그러나 운요호 사건에서 조선의 실패는 자주적인 입장에서 일본과의 국교 재개 내지 개항을 추진하는데 제약 요인으로 작용하였다.

더 읽어볼 책들

· 김흥수, 『한일관계의 근대적 개편과정』, 서울대출판문화원, 2009.

지금까지 전혀 활용되지 않은 대마도 종가문서를 최초로 발굴하여 한일 관계의 근대적 개편 문제를 재구성한 책이다. 대마도를 매개로 전개된 조선시대 양국의 우호적인 교린관계가 어떻게 침략과 저항으로 점철된 근대의 한일관계로 전변하는지 그 과정을 이해하는 데 도움이 된다.

· 신헌 지음, 김종학 옮김, 『심행일기』, 푸른역사, 2010.

최근에 발견된, 강화도조약 교섭 당시 조선의 접견대관인 신헌의 일기를 번역한 책이다. 강화도조약 담판과정을 생생하게 기록한 이 책은 강화도 조약에 임하는 조선의 태도를 이해하는 데 유용하며 일본 측의 기록에 의거한 강화도조약의 역사상을 바로잡는 데도 기여할 것이다.

· 이태진, 『동경대생들에게 들려준 한국사』, 태학사, 2005.

고종시대의 재조명과 국권침탈 조약들의 불법성을 정력적으로 연구하고 있는 저자가 동경대학 대학원생들에게 강의한 내용을 정리한 책이다. 메이지 시기 한국에 가해진 일본의 폭력과 왜곡은 물론, 제대로 알려지지 않은 한국의 자주적 근대화 노력을 부각하여 신선한 충격을 준 책이다.

· 손승철, 『조선시대 한일관계사 연구』, 경인문화사, 2006.

이 책은 부제인 '교린관계의 허와 실'이 말해주듯이 조선시대의 한일관계를 교린관계를 축으로 하여 그 실상과 허상을 규명한 것이다. 조선시대 교린관계의 기본구조와 변천과정 그리고 붕괴과정을 다룬 이 책은 조선시대의 한일관계를 통시적으로 이해하는 데 유용하다.

• 요시노 마코토 지음, 한철호 옮김, 『동아시아 속의 한일 2천년사』,
  책과함께, 2005.

요시노 마코토(吉野誠)의 「東アジア史のなかの日本と朝鮮」을 번역한
이 책은 동아시아의 시점에서 고대에서부터 일제강점기까지의 한일관계
를 쟁점 중심으로 정리한 것이다. 한일관계사의 흐름과 특징을 알기 쉽
게 서술하여 한일관계사의 전체상을 파악하는 데 도움이 되는 책이다.

개항기 서양 지식인들의
인천지역과
한국사회 인식

김백영

서울대학교 사회학과를 졸업한 뒤, 같은 학교 대학원에서 석사와 박사학위를 받았다. 현재 광운대학교 교양학부 교수로 재직 중이다. 『고도의 근대』(공저, 2012), 『지배와 공간: 식민지도시 경성과 제국 일본』(2009), 『기억과 전쟁』(공저, 2009), 『경계의 섬, 오키나와: 기억과 정체성』(공저, 2008), 「식민지 유산과 현대 한국 도시변동」(2011), "Ruptures and Conflicts in the Colonial Power Bloc: The Great Keijo Plan of the 1920s"(2008), 「상징공간의 변용과 집합기억의 발명」(2007) 등 다수의 저서와 논문이 있다.

개항기 서양 지식인들의 인천지역과 한국사회 인식

그곳에는 마치 동화 속 궁전처럼 거의 모든 것이 몇 세기 전 그대로 고이 간직돼 있다. 그곳에서는 변화란 의미없는 것이며 시간은 정지해 있다. …오늘날 한국에서 가장 신기한 점은 역사 속에서 사라진 과거를 그대로 볼 수 있다는 사실이다.

— Percival Lowell(1885), *Choson: The Land of The Morning Calm*

1. '은자의 나라'와 근대 오리엔탈리즘의 만남[1]

이 글은 19세기말 한국이 막 외부 세계에 알려지기 시작했을 때 제물포, 즉 오늘날의 인천 지역을 통해 한국을 방문

---

1) 본절의 논의는 김백영, 「개항기 서양 지식인들의 서울 인식: 로웰, 길모어, 비숍을 중심으로」(서울시사편찬위원회, 『향토 서울』 68, 2006) 1절의 서술 내용을 바탕으로 수정·보완한 것이다.

한 서양인 여행가들의 체험담을 통해 그들이 인천 지역과 한국인, 한국사회를 어떻게 인식했는가를 살펴보기 위한 것이다. 당시 서양인들에게 한국은, 오랜 역사와 엄청난 규모의 나라 중국과 발빠르게 '탈아입구脫亞入歐' '부국강병富國強兵'의 길로 접어든 일본의 틈바구니에 끼어있는 '숨어있는' 나라로서, '극동(Far East)' 삼국 가운데 서양인들에게 가장 뒤늦게야 그 존재가 알려진 나라였다. '은자隱者의 나라(the hermit nation)', '조용한 아침의 나라(the land of the morning calm)'라는 잘 알려진 별칭을 통해서도 알 수 있듯이[2], 개항기 한국을 탐방한 대부분의 서양인들이 공유한 첫인상은 그 당시 지구상 다른 어떤 곳에서도 느낄 수 없는 가장 원시적이고 이국적인 느낌에 의해 지배되었다. 유라시아 대륙의 동쪽 끄트머리에 위치한 좁은 반도에 수백 년간 독자적 왕국을 건설하고 살아온 한국에 대하여 당시 그들이 느낀 거리감은 단순한 지리적·공간적 거리감만이 아니라, 역사적·시간적 거리감이 더해진 것이었다. 인종주의적 사회관과 단선적인 진화론적 역사관이 지배하던 당시, 서양인들

---

2) 전자는 그리피스(William Elliot Griffis)[1882]의 *Corea: The Hermit Nation*(신복룡 역, 『隱者의 나라, 한국』, 탐구당, 1976)의 부제로부터, 후자는 로웰(Percival Lowell)[1885]의 *Choson: The Land of The Morning Calm*(조경철 역, 『내 기억 속의 조선, 조선 사람들』, 예담, 2001)의 부제로부터 각각 유래한 별칭이다. 개항기 서양인들이 한국을 지칭한 명칭으로는 '꼬레아(Corea)'와 '조선(Choson)' 두 가지가 있는데, 이 글에서는 모두 '한국'으로 통일을 기했다.

의 비유럽세계에 대한 인식을 지배한 것은 '역사의 진보가 정체된 곳' '시간이 정지된 태고의 나라'라는 평가였다.[3]

오늘날의 관점에서 이들의 글을 살펴보았을 때, 백여 년 전 이곳에 살고 있었던 사람들의 낯선 풍속과 정경에 대한 금치 못할 놀라움과 함께, 두 가지 근본적인 의문이 떠오른다. 그 하나는 일반적으로 여행객이 여행지에 대하여 획득하는 지식이 표피적이고 인상적인 '주마간산走馬看山' 수준의 것이라는 점에 비춰볼 때 과연 외래 여행객의 시선에 포착된 것이 어떤 수준에서 얼마나 사실 또는 진실일까라는 질문이고, 다른 하나는 당시 서양의 '문명'인들이 동양의 '비문명'세계를 대상으로 만들어낸 담론에 담겨진 서사와 표현을 얼마나 객관적인 것으로 받아들일 수 있을까라는 질문이다.

이러한 질문에 대한 해법과 관련하여 그동안 가장 강력한 이론적 준거틀을 제시한 것은 에드워드 사이드(E. Said)의 '근대 오리엔탈리즘(Orientalism)' 개념이다.[4] 사이드의 오리엔탈리즘론은 19세기에 서양인·백인종이 인종주의적 선입견

---

3) 한국을 방문한 서양인들이 한국의 별칭으로 만들어낸 '은둔의 왕국' '문명 퇴화의 본보기' '부패하고 무능한 웃음거리 왕국' '영원히 클 수 없는 어린아이의 나라' 등과 같은 표현들은 이러한 느낌을 잘 보여준다. 박지향, 『일그러진 근대: 100년 전 영국이 평가한 한국과 일본의 근대성』, 푸른역사, 2003 참조.
4) 에드워드 사이드, 박홍규 역, 『오리엔탈리즘』, 종로서적, 1991 참조.

에 입각하여 비서양인·유색인종을 게으름, 나태함, 불결함, 비위생, 무지몽매, 수동성, 의존성, 소심함, 행동이 굼뜸, 애정의 결핍, 잔인함 등등의 부정적이고 경멸적으로 인식했다고 주장하는 이론으로, 근대 서양의 보편주의적·과학주의적 담론적 장치를 통해 작동한 정치적·문화적 지배의 전략, 그속에 내재해온 오만과 편견, 폭력과 지배를 고발한다.

그렇지만 이러한 오리엔탈리즘의 이론적 문제의식에 입각하여 텍스트를 연구하고자 할 때에는 적어도 다음과 같은 두 가지 문제에 대해 유의할 필요가 있다. 첫째는 오리엔탈리즘이라는 집합적 담론구성물의 압도적 실체성을 지나치게 강조한 나머지 저자 개인 혹은 텍스트의 개별성을 말소시키게 될 위험성이다. 둘째, 한 사람의 저자의 인식 지평 속에 내재하는 다양한 인식과 경험의 지평들, 하나의 텍스트 내부에 실재하는 다중적이고 이질적인 목소리들, 모든 개별적 텍스트들의 복잡성과 입체성을 특징짓는 주름과 굴곡, 균열과 파열구를 무시하고, 그것을 균질적이고 평면적인 오리엔탈리즘적 담론구성물로 환원시키게 될 위험성이다. 전자를 극복하기 위해서는 텍스트의 개별성 혹은 저자 각 개인에 대한 보다 분석적인 연구가 필요하며, 후자를 극복하기 위해서는 텍스트를 읽어내는 문제적 시선이 필요하다.

바로 이러한 점을 고려하여 이 글에서는 근거없는 백인

우월의식에 사로잡힌 오리엔탈리즘적 통념에 대해 어느 정도 비판적 거리를 유지할 수 있는 지성적 성찰의 능력을 갖춘 저자의 텍스트를 주된 분석의 대상으로 삼고자 한다. 개항기 한국을 방문한 여행자들은 시기별·직업별·국적별로 다양하게 범주화할 수 있는데, 이 글에서는 주로 일제에 의한 식민화 이전에 방한한 이들을 대상으로, 가급적 명확한 직업적 목적의식을 갖고 있기보다는 단지 한국 내지 극동 지역에 대한 관심으로 여행하고 저술을 남긴 이들을 중심으로 하여 연구대상을 선별해보았다. 이 글에서 주요하게 다루게 될 서양 지식인들에 대해 간략히 정리해보면 〈표 1〉과 같다.

〈표 1〉 개항기 한국 방문 서양 지식인들과 그들의 주요 저서

이름	국적 직업	방한년도 (방한횟수, 체류기간)	한국에서의 주요 활동	대표 저작
게일(James Scarth Gale, 1863~1937)	미국 선교사	1888~1928(?)	선교·교육	『전환기의 조선』 (*Korea in Transition*, Cincinnati, 1909)
겐테(Siegfried Genthe, 1870-1904)	독일 저널리스트	1901~1902	여행·시찰	『한국기행』 (*Korea: Reiseschilderungen*, Berlin, 1905)
그리피스(William Elliot Griffis, 1843~1928)	미국 학자	1926~1927	일본에서 연구·저술	『은자의 나라 한국』 (*Corea: The Hermit Nation*, New York, 1882)
길모어(George	미국	1886~1894	육영공원	『서울풍물지』 (*Korea*

William Gilmore, 1857~?	신학자	(약8년)	교사	*from its Capital*, Philadelphia, 1892)
로웰(Percival Lowell, 1855~1916)	미국 천문 학자	1883~1884 (약3개월)	외교사절	『조선, 고요한 아침의 나라』(*Chosön, The Land of the Morning Calm*, Boston, 1885)
비숍(Isabella Bird Bishop, 1831~1904)	영국 여행가	1894~1897 (총3회)	여행·시찰	『조선과 그 이웃나라들』(*Korea and Her Neighbors*, New York, 1897)
샤롱 베이 (Chaillé Long Bey, 1842~1917)	프랑스 군인· 외교관	1880~90년대	외교활동 ·여행	『맑은 아침의 땅 朝鮮』(*La Corée ou Tchösen: La terre du calme matinal*, Paris, 1894)
셔우드 홀(Sherwood Hall, 1893~?)	미국 의사	한국 태생	의사	『닥터 홀의 조선기행』 (*With Stethoscope in Asia: Korea*, Virginia, 1897)
알렌(Horace Newton Allen, 1858~1932)	미국 의사· 외교관	1884~1905	고종 어의, 외교관	『조선견문기』(*Things Korean*, New York, 1908)
언더우드(Horace Lillias Underwood, 1859~1916)	미국 선교사· 의사	1880년대	제중원 의사, 정동교회 설립	『언더우드 부인의 조선생활』(*Fifteen Years among the Top-Knots or Life in Korea*, New York, 1904)
오페르트(Ernst Jacob Oppert, 1832~1903)	독일 무역가	1866, 1868 (총3회)	개항교섭; 도굴	『금단의 나라 조선』(*A Forbidden Land: Corea*, New York, 1880)
커즌(George Nathaniel Curzon, 1859~1925)	영국 외교관	1887~88, 1892~93	여행·시찰	『극동의 문제들』 (*Problems of the Far East*, New York, 1894)

이들의 텍스트를 재현양식 혹은 서술양식의 측면에 주목해볼 때 흥미로운 점은, 그것이 저자 개인의 여행기록이자, 전문적인 민족지(ethnography) 내지 인류학적 연구서이자, 대중적 독자들을 위한 개설적 소개서라는 삼중적 성격을 띠고 있다는 점이다. 이들 텍스트 속에는 여행 중의 개별적 사건과 주관적 느낌에 대한 기술, 문화현상의 다양성에 대한 세밀한 관찰과 객관적 기술, 그리고 한국사회의 여러 가지 특성들에 대한 구조적·입체적 분석이라는 세 가지 서로 다른 성격의 글들, 즉 기행문, 민족지, 입문서라는 분석적으로 구분되는 세 가지 형식성이 하나의 텍스트 속에 혼재해 있다. 이 글에서는 이처럼 상호 이질적으로 상충하는 세 가지 다른 형식의 서사 속에서 문화상대주의적인 '차이'의 담론과 오리엔탈리즘적인 '결여'의 담론이 어떻게 표출되는지 살펴보고자 한다. 이제 이러한 문제의식을 종합적으로 염두에 두면서 개항기 서양인들이 인천과 한국에서 무엇을 보았고 어떻게 서술하였는지를 인천의 경관과 환경, 한국의 인간과 사회라는 두 가지 측면으로 나누어 살펴볼 것이다.

2. 인천의 경관과 환경에 대한 인식

개항기 한국을 방문하는 대부분의 서양인들은 수도 서울을 향하는 관문인 인천항을 통해 한반도에 첫발을 내디뎠다. 그들은 우선 '제물포'와 '인천'이라는 지명에 대해 관심을 갖는데, "제물포는 '다양한 물건의 강둑'을 의미하며, 인천은 '인자한 하천'이라는 뜻으로, 일본어로는 '진센(Jinsen)' 또는 '닌센(Ninsen)'이며, 중국어로는 '젠추안(Jenchuan)'이다."5) 이어서 항구로서 인천의 첫인상에 대해 언급하는데, 그것은 한마디로 '태고적 황량함'으로 요약된다. 개항 직후인 1883년 인천을 방문한 로웰에 따르면, 제물포는 "바다와 육지의 특성을 모두 갖춘, 초가지붕이 즐비한 조그만 섬"으로, "마을을 찾으려면 주의를 기울여야" 할 정도이다. 제물포는 "해변과 진흙으로 된 평지가 있을 뿐, 항구로서는 부적당"하여 "선박들은 1마일 밖에 정박해 있어야 한다. 여기저기 산재한 언덕과 계곡 그리고 조수의 높낮이는 해안을 육지로 만들기도 하고 바다로 만들기도" 하는데, "바다 쪽으로 경사진 언덕 위에 일본인 거류지와 유럽식 건물인 일본영사관이 우뚝 솟아 있어, 크고 흰 이 건물이 먼 바다를

---

5) 커즌, 라종일 역, 『100년 전의 여행 100년 후의 교훈』, 비봉출판사, 1996, 52쪽 각주 17 참조.

향한 하나의 이정표처럼 태고적 황량함을 지닌 제물포의 풍광을 희석시켜준다."[6] 조선인들은 "바다건 육지건 이웃한 나라와의 교류를 좋아하지 않는 민족의 기질 때문에 외부와의 교류는 단절되어왔다"[7]고 파악한다.

이사벨라 비숍은 1894년 1월부터 1897년 3월 사이에 네 차례 한국을 방문하여 11개월에 걸쳐 현지답사를 진행했는데, 그녀가 1894년 1월 제물포를 방문하면서 묘사한 제물포의 풍광도 로웰의 그것과 별반 다르지 않다.

---

6) 로웰, 앞의 책, 44~45쪽. 이어서 그는 다음과 같이 말한다. "제물포는 이제 막 일어서려고 하는 서구의 신흥 촌락과 흡사하다. 급히 들어선 몇몇 오두막 사이로 소규모의 일본인 거류지와 유럽 세관이 자리잡고 있다. 그럴듯하게 보이는 것은 일본영사관뿐이다."(같은 책, 46쪽)
7) 로웰, 같은 책, 45쪽.

　"조수가 11미터나 오르내리는 제물포의 정박지는 낮 동안엔 질퍽
거리는 진흙뻘과 다를 바 없다. 모래톱에 있는 좁은 도랑인 정박지는
현대적인 용량의 배 다섯 척을 수용할 수 있다. 진흙만이 현저하게
눈에 띄고, 마을 뒤편의 낮은 언덕은 칙칙한 고동색이었으며…정박
지에서 바라보면, 제물포는 바닷가의 한 모서리를 따라 뿔뿔이 흩어
져 있는 초라한 집들의 덩어리였다. 희게 칠해지고 대부분 나무로
된 집들이 드문드문 불모의 언덕에 서 있었다.…독일 상인의 집, 영
국 교회, 언덕에 있는 코르페 주교의 초라한 선교소, 커다란 일본
총영사관, 몇몇 새로운 공공건물들만이 겨우 두드러져 보였다."[8]

　거의 같은 시기인 1884년 3월 조선 주차 영국부영사로
부임한 외교관 칼스도 제물포의 첫인상을 다음과 같이 기

---

8) 이사벨라 버드 비숍, 이인화 역, 『한국과 그 이웃나라들』, 살림, 1994, 39쪽.

록하고 있다.

"해변의 풍경은 말할 수 없이 기묘했다. …해변가 위로는 바위로
뒤덮인 조그만 야산이 있었으며 그곳에는 어촌 사람들이 큰 무리의
펭귄 떼처럼 앉아 있었다. 펭귄처럼 하얀 가슴과 검은 머리를 한
그들은 전혀 미동도 하지 않으며 바위를 뒷배경으로 느긋하게 우리
를 쳐다보는 모습이 특히 인상적이었다. …일본 집들은 최근 외국
인과의 장사로 톡톡히 재미를 보고 있는 소상인들이 서둘러 지은
집이었다. …일본 집들은 모두 매력적인 반면에 조선 사람들의 집
은 통풍 장치가 전혀 되어 있지 않고 냄새가 나는 도로변 양쪽에
제멋대로 지어올린 초가지붕의 토담집들이었다. 당시 이 마을은 가
구 수가 100여 채 이상 되는 비교적 신흥 마을이었는데 2~3년 전까
지만 해도 단지 5~6채의 집이 있었다고 한다."9)

당시 서양인들은 대개 제물포항에서 배에서 내려 말(나
귀)이나 가마를 타고 서울(한양·한성)까지 이르는 육로를 거
치게 되는데, 제물포에서 서울에 이르는 길은 서양인들의
눈에는 '도로(road)'라고 하기에는 과분한 길, 결코 길이라고
할 수 없는 길이다.10) 뿐만 아니라 그 주변 경관은 흥미로울

---

9) 칼스W. R. Carles, 『한국에서의 생활Life in Corea』, London: Macmillan, 1888;
   신복룡 역주, 『조선풍물지』, 집문당, 1999, 26~28쪽.

것이 전혀 없는, 단조로운 황토빛 속살을 드러낸 벌거숭이 산의 헐벗고 황폐한 풍경이다. 로웰에 따르면 "이 나라 고유의 교통 수단인 가마로 제물포에서 서울까지 가는 데는 꼬박 하루가 걸"리는데 "제물포와 서울 간의 길 풍경은 한국의 다른 어느 곳에 지지 않을 만큼 황량"하여 "한마디로 말해 흥미로울 것이 전혀 없다"[11]고 혹평한다.

이처럼 개항기 인천은 '항구'라고 하기에는 너무 빈한하고 형편없는 작은 마을에 불과하며 항구로서 갖춰야 할 자연적 조건도 좋지 않다는 것이 전반적인 평이지만, 급속한 외래 문물의 유입과 더불어 조만간 상당한 규모의 무역항

---

10) 로웰, 앞의 책, 48쪽; 비숍, 앞의 책, 45쪽.
11) 로웰, 앞의 책, 50쪽, 48쪽.

으로의 성장 전망을 예견하는 이들도 있었다. 로웰이나 비숍, 칼스의 방문 시기로부터 약 10년 후인 1892~93년경 인천을 방문한 커즌은, 항구로서 부적합하다는 점에서는 로웰이나 비숍과 견해가 일치하지만,12) 개항기 인천의 주목할만한 변화상에 대해 다음과 같이 말한다.

"1883년 제물포가 처음 외국 상인에게 개항되었을 때, 그곳에는 1개의 초라한 어촌과 15개의 오두막만이 있었을 뿐이었지만 지금은 번창하는 도시로 3,000명 이상의 조선 사람과 그와 비슷한 수의 외국인이 거주하고 있다. 이들 중 일본인은 2,500명, 중국인은 600명 정도이며, 유럽인은 20여 명 정도다. 또한 유럽식 클럽과 당구장과 식당들, 그리고 잘 꾸며진 중국 상점이 몇 개 들어서 있다. 외곽 정박지는 해안으로부터 약 2마일 떨어져 있으며, 파고가 24~30마일에 이르는 조수 간만의 차가 수 마일에 달하므로 드러나는 개펄과 협소한 해협 등에서 선박들은 가벼운 해풍을 피할 수 있다. 바쁘게 돌아가는 거리와 항구에서 급속히 늘어나고 있는 교역의 징후를 손쉽게 찾아볼 수 있는데, 가까운 미래에 이루어질 교역의 팽창을 예고하고 있다."13)

---

12) "제물포는 조선의 수도 서울이 위치하고 있는 한강의 남쪽 지류의 어귀에 있다는 점과 인구의 밀집지라는 점 외에는 항구로서 별다른 장점을 가지고 있지 않다." (커즌, 앞의 책, 52쪽)
13) 커즌, 앞의 책, 52쪽.

　　심지어 1901년 제물포를 방문한 독일의 언론인 지그프리
트 겐테는 다음과 같이 제물포를 빼어나게 아름다운 항구
로 묘사하고 있다.

　　"눈앞에 펼쳐지는 전경은 믿을 수 없을 정도로 아름다웠다. 푸른
　　언덕에 자리 잡은 유럽풍의 주택들과 뾰족한 탑이 있는 교회, 일본
　　과 영국의 깃발들이 있었다."14) "아시아에서 이처럼 경관이 좋은
　　곳은 아마 없을 것이다. 푸른 하늘과 바다는 물론 아름다운 만이
　　있는 해변과 섬이 인상적이다."15)

---

14) 지그프리드 겐테, 권영경 옮김, 『신선한 나라 조선, 1901』, 책과함께, 2007,
　　74~75쪽; 이희환, 『이방인의 눈에 비친 제물포』, 인천문화재단, 2011, 282쪽에
　　서 재인용.
15) 겐테, 앞의 책, 85~86쪽; 이희환, 앞의 책, 288쪽에서 재인용.

THE HONMACHI-DORI "THE MAIN STREET OF JINSEN CITY", JINSEN.
通町ヲ。郡 一の衛南ミ?恩想画街 (鄙名川仁.)

　물론 이것은 산동반도의 독일조차지인 청도青島를 연상하면서 당시 제물포에서 월등한 수입무역을 담당하고 있는 독일의 세창양행에 대한 자부심의 산물로 읽히지만, 개항 이후 10여 년만에 제물포의 경관이 이전에 비해 확연히 달라졌음은 분명해 보인다.

　하지만 인천지역의 이러한 변화는 청일전쟁과 러일전쟁이라는 한반도와 동아시아 전체의 판도를 뒤흔든 역사적 사건들과 직결되어 있다. 당시 인천을 방문한 적지 않은 서양인들이 혹은 청일전쟁과 러일전쟁의 전황에 대한 묘사로, 혹은 전쟁 직후의 각국 조계지·거류지의 변화상에 대한 묘사로 인천의 인상기를 기술하고 있는 것도 바로 이 때문이다.16)

3. 한국의 인간과 사회에 대한 인식17)

이제 논의를 한국인과 한국사회를 바라보는 서양인들의 시선으로 옮겨보자. 한반도를 잠시 스치듯 지나간 여행자들에게 각인된 한국인의 이미지는 대개 서양 문명인들과는 비교하기도 어려울 정도로 경멸적인 존재라는 것이다. "우스꽝스러운 말총모자를 쓰고 흰옷을 펄럭이면서 다니는" 남자들과 l"다른 부분을 지나치게 감추는 것을 조롱이나 하듯 벌거벗은 젖가슴"을 드러내놓고 다니는 여자들은 한국의 이국적 풍습 가운데에서도 단연 가장 눈길을 끄는 진기한 거리 풍경이며18), 이러한 이상한 복식과 낯선 몸동작들은 마치 다른 세계의 인간을 본듯한 착각을 불러일으킬 정도이다. 예컨대 한국인의 첫인상에 대해 로웰은 다음과 같이 회상한다. "한국인의 흰옷과 느리고 우아한 움직임은 잠시나마 환상을 불러일으킨다. 처음에는 그들이 실제 인간인가 싶은 의구심이 들고, 다음에는 성별을 의심하게 된다."19) 더 나아가 19세기 서양인들이 비서양인들을 열등한 존재로 낙인찍

---

16) 이희환, 위의 책, 제5, 7, 8장 참조.
17) 본절의 논의는 김백영, 「개항기 서양 지식인들의 서울 인식: 로웰, 길모어, 비숍을 중심으로」(서울시사편찬위원회, 『향토 서울』 68, 2006) 3~5절의 서술 내용을 바탕으로 수정·보완한 것이다.
18) 겐테, 앞의 책, 144~145쪽.
19) 로웰, 앞의 책, 39쪽.

는 가장 뚜렷한 두 가지 특징—나태한 인성과 불결한 습관—
은 한국인에 대해서도 그대로 적용되어 "천성적인 술꾼에
노름꾼"[20], "소심하고 게으른 사람들"[21] 등과 같은 경멸적
인 표현으로 한국인의 집합적 속성을 단정짓기도 한다.

하지만 일단 이러한 오도된 이미지에서 벗어나, 한국인들
을 가깝게 접해본 이들은 전반적으로 한국인이 중국인이나
일본인보다 나아 보인다고 평가한다.[22] 우선 한국인은 중국
인, 일본인에 비해 키가 크고 체격도 좋은 편으로, 한국인들
의 "얼굴 생김새는…힘이나 의지의 강인함보다는 날카로운
지성을 나타낸다. 한국인들은 확실히 잘 생긴 종족"이고 "대
단히 명민하고 똑똑한 민족"[23]이다. 이러한 평가는 유럽이
나 일본과 다른 한국의 음식문화에 대한 영양학적 분석[24]이

---

20) 샤롱 베이, 유원동 역,『맑은 아침의 땅 朝鮮』, 숙명여대 출판부, 1982, 25쪽.
21) 런던, 앞의 책, 41쪽.
22) "한국이 세계에 문호를 개방했을 때, 한국인들은 거칠고, 험상궂은 야만인으로
   보이리라는 것이 많은 사람들의 예상이었다. 일본과 중국에서의 소문이 바로
   그러한 인상을 주었다. 사람들은 야만 인종을 보는 것처럼 한국인을 바라보았다.
   그러므로 한국인들이 이제까지 묘사된 것과 다를 뿐 아니라, 반대로 일본과 인도
   를 포함한 동양이 아닌, 매우 정중하고 친절하며 충직한 민족이라는 사실을 안
   서양인들이 얼마나 놀랐을까?"(길모어, 앞의 책, 16쪽)
23) 비숍, 앞의 책, 19~20쪽. 이어서 비숍은 다음과 같이 말한다. "외국인 교사들은
   한결같이 입을 모아 한국인들의 능숙하고 기민한 인지능력과 외국어를 빨리 습득
   하는 탁월한 재능, 나아가 중국인과 일본인보다 한국인들이 훨씬 더 좋은 억양으
   로 더 유창하게 말한다는 사실을 증언한다."(비숍, 앞의 책, 20쪽)
24) "쌀을 주식으로 하는 사람들은 육식을 하는 민족이 지니는 근육의 유연성이나
   밀도가 부족하다."(길모어, 앞의 책, 63쪽); "한국의 요리는 유럽인의 기준으로
   볼 때 그리고 가능한 한 공정한 평가 기준에서 판단할 때, 일본 음식보다는 낫다.
   일본인들도 인정하는 점인데, 한국 음식은 한층 더 실속이 있다."(로웰, 앞의

나, 낯설고 경멸스럽게 느껴진 한국인들의 식습관에 대한 사회학적 해명[25]으로 이어지는데, 한국인들은 '아편이나 담배와 같은 중국인들의 사회악을 찾아보기 어려운' '너무나 선량한 천성을 지닌 건전한 사람들'이라고 평가한다.[26]

한국인들의 인성에 대한 이들의 평가는 ─서양 문명인은 물론, 이웃 중국인이나 일본인에 비해서도─ 한마디로 '순진함'으로 요약되는 것이다. 이어지는 이들의 한국인론은 이러한 호감을 바탕으로 '나태함'과 '불결함'으로 낙인찍힌 한국인들의 오명을 벗기는데 주력한다. 예컨대 길모어는 '한국인들은 누군가 주장하는 것처럼 그렇게 불결하지 않다'고 하면서 한국인들이 '지구상에서 가장 더러운 사람들'이라는 오명을 갖게 된 까닭은 그들이 너무나 쉽게 더러워지는 '우리가 홑이불로 사용하는 것과 같은 밝은 색의 면직의 옷을 입는다는 사실' 때문이라고 해명한다.[27]

이러한 한국인과 한국문화의 특수성에 대한 문화상대주의적 이해의 관점은 한국에서 오랜 선교사 생활을 경험한

책, 62쪽)

25) "한국인들은 대체로 살기 위해 먹는다기보다 먹기 위해 사는 것 같다.…한 끼는 잘 먹었지만 다음 끼니는 굶을지도 모른다는 생각은 특별한 자극 없이도 강한 식욕을 느끼게 한다.…대부분의 한국인에게 가장 신나는 시간은 바로 식사시간이다."(로웰, 앞의 책, 52쪽)

26) 길모어, 앞의 책, 72~74쪽.

27) 길모어, 앞의 책, 111쪽; 74쪽.

알렌이나 닥터 홀 같은 이들의 글에서도 발견된다. 알렌은 서양인들로 하여금 한국에 '오물과 악취의 나라'라는 수치스런 별칭을 붙이게 만든 퇴비더미의 냄새가 공해에 오염된 시카고강의 유독성 악취보다는 낫다고 말하며[28], 서양인들이 김치 냄새를 못 견뎌하는 것은 한국인들이 치즈 냄새를 못 견뎌하는 것과 마찬가지라며[29] 단지 낯설다는 이유로 한국의 냄새와 음식문화를 경멸하는 서양인들의 문화적 편견을 비판한다. 또 성장기를 한국에서 보냈던 홀은 시계 없이 살았던 한국에서의 태평스런 생활이 오히려 자신의 성격에 맞는 것 같았다고 회상하면서[30] 시계의 시침 속에 빨려들어가 삶의 여유를 잃어버린 문명적 삶의 이율배반을 암시하기도 한다.

결론적으로 이들은 한국인들의 생활습관은 많은 부분에서 서양인들과는 반대 양상을 보여서 "마치 서양의 관습을 찍어낸 음화陰畵처럼" 보이지만, 그러한 '낯선' 풍습 때문에 그들을 '야만족'으로 간주해서는 안된다는 점을 분명히 한다. 집에 들어갈 때 모자 대신 신발을 벗고, 침대와 의자가 아닌 방바닥에 앉고 누워 잔다고 해서 야만인은 아닌 것이

---

28) 알렌, 신복룡 역, 『조선견문기』, 평민사, 1986, 88쪽.
29) 알렌, 앞의 책, 97쪽.
30) 셔우드 홀, 김동열 역, 『닥터 홀의 조선 회상』, 동아일보사, 1984, 162쪽.

다.[31] 오히려 "동양인들이 보여주는 생활의 단순함에는 어떤 숭고함 같은 것이 있다. 순간적 위안물에 대한 그들의 경시는 거의 육체의 차원을 초월한다."[32] 이러한 점에서 한국인의 인성은 어떤 점에서는 서양인보다 더 높이 평가할 수 있는 점도 있으며, 특히 한국인은 일본인이나 중국인보다 훨씬 더 위엄있어 보이는 민족이라는 것이다.[33]

이처럼 서양 지식인들은 첫눈에 '비합리적'으로 보이는 다른 인간성에 대해서도 그 특성과 형성 과정에 대한 지식을 종합하여 어떤 합리적 근거를 찾아내어 설명하려고 노력한다는 점에서 오리엔탈리즘적인 통념을 극복하려는 '지성적 성찰'의 노력을 보여주고 있다. 그들의 글 전체가 성공적이라고 볼 수는 없지만, '극동의 낯선 민족은 원시적 풍습, 야만적 미신에 사로잡혀 있을 것'이라는 통념적 인식을 극복하고 문화상대주의적 시각을 확보하려는 이들의 노력은 곳곳에서 빛을 발한다. 하지만 문화상대주의적 관점에서 '인간'을 본격적으로 설명하기 위해서는 보다 거시적이고 총체적으로 '사회'를 이해할 필요가 있다.

일반적으로 19세기 서양인 여행자들이 비유럽세계에서

---

31) 로웰, 앞의 책, 94~95쪽.
32) 로웰, 앞의 책, 73쪽.
33) 로웰, 앞의 책, 95쪽; 66쪽.

경험한 미개한 제도와 관습을 서술함에 있어 그 후진성의 증표로서 공통적으로 가장 많이 언급하는 두 가지는 기독교와 같은 문명적 종교와 신앙심의 결여와 축첩제와 같은 여성에 대한 억압과 차별이다. 우선 종교와 관련한 제도와 풍습의 경우, 기독교적 신앙의 결여 그 자체가 신앙심의 결여라고 보는 많은 서양인 선교사들에게 비유럽세계는 미개와 야만의 세계이고 이는 곧 복음의 전파와 문명화의 사명을 정당화하는 가장 강력한 근거로 작용해왔다. 특히 중국이나 일본에 비해 기념비적인 종교 유적을 거의 찾아보기 어려운 한국의 경우는 신앙심이나 종교적 문명화의 수준에 있어 훨씬 열등한 사회로 표상되었다.

여기에 더해지는 것이 유교의 영향을 받은 한국의 독특한 장묘문화이다. 한국의 강산에는 망자亡者들에 의해 점유된 땅의 총량이 믿기지 않을 정도로 엄청나서 여행자들은 계곡이 아닌 한, 구릉의 꼭대기와 비탈과 야산에서 늘 묘지를 마주치게 되는데[34], 이것은 서양인들로서는 야만적이고 미신적인 풍습으로 간주된다. 하지만 길모어는 한국의 장묘풍습과 그로 인해 야기되는 서양인들의 오해에 대하여 다음과 같이 해명한다. "한국인들이 산에 묻혀 있는 풍부한

---

34) 비숍, 앞의 책, 80쪽; 길모어, 앞의 책, 135~137쪽.

광물의 개발을 꺼려하는 것은 아마 구릉을 묘지로 사용하기 때문이며, 무덤을 훼손한다는 두려움 때문일 것이다. 제사는 무덤 속에 놓여 있는 시신의 영혼을 위해 행해지는 것이므로 무덤을 훼손한다는 것은 사람들에게 신성모독과 같은 것이다."35)

그렇다면 여성에 대한 사회적 차별의 문제에 대해서는 어떨까? 한국의 성차별적 관행과 한국 여성들의 후진성에 대한 비판은 한국을 여행한 서양인들이라면 누구나 한마디씩 언급하는데, 특히 개항기 한국을 처음 방문하는 영어권 여행자들에게 필독서와 같은 권위를 누렸던 그리피스의 책에서는 한국의 여자들이 이름도 없고, 도덕적 존재 가치도 없는, 그저 환락과 노동의 도구일 뿐으로서 남자의 반려라거나 동등한 존재로서의 의미는 없는 존재로 규정하고 있다.36) 이러한 한국 여성의 사회적 지위에 대한 일반적 인식은 기포드의 한국 여자들의 비천함에 대한 언급37), 오페르트가 동양의 가족제도를 논하는 부분에서도 반복적으로 드러나며38), 같은 여성으로서 특히 여성문제에 관심이 많은

---

35) 길모어, 앞의 책, 139쪽.
36) 그리피스, 앞의 책, 123쪽; 136쪽.
37) "우리는 한국 여자들의 일상적 사고가 보잘 것 없고 미신적이며 비천한 것이라고 충분히 생각할 수 있을 것이다. 불쌍한 한국의 여인들이여!"(기포드, 심현녀 역, 『조선의 풍속과 선교』, 한국기독교역사연구소, 1995, 43쪽)
38) "일부다처제는 한국에서는 지배적이며…남자의 지위와 富力에 따라 그가 소유하

비숍의 논의에서도 심심치 않게 나타난다.[39] 특히 서양인 관찰자들의 눈에 한국 여성은 낮에는 개울가에 모여앉아 빨래를 하고 밤에는 적막과 고요를 깨는 다듬이 방망이질로 온종일 빨래에 매어사는 '빨래의 노예'라는 인상이 강하게 각인된다.[40]

그러나 길모어는 방망이질이 서양의 비벼 빠는 방식보다 옷감을 덜 손상시킨다고 지적하면서 흰옷을 표백하기 위한 세탁 방법으로서는 이보다 더 탁월한 것은 없다고 강조한다.[41] 또 한국 여성의 사회적 지위와 인식 수준에 대한 서양인들의 편견이 눈에 잘 띄는 하층민들의 풍습을 일반화한 것에 불과하다고 지적하면서, 이러한 통념과는 달리 양반 여성은 사회적 지위가 높아서 남편도 경어를 사용할 뿐만 아니라 인품도 고결하고 품위가 있다고 강조한다.[42] 비숍도

___

는 여자의 수가 결정된다."(오페르트, 앞의 책, 95쪽); 겐테의 다음과 같은 언급도 마찬가지이다. "이 나라의 여자들은 권리도 자유도 없다. 죄수처럼 세상과 격리되어 있으며 신분이 높을수록 커텐 뒤에 앉아 있는, 시간이 많은 인도 여자들보다 더 엄하다. 언제쯤 이런 미개한 상황이 자유로운 사고방식에 자리를 내어줄 것인지?"(겐테, 앞의 책, 165쪽); 로웰도 한국의 독특한 사회적 특성으로 세 가지 원리, 즉 비개성적 특질, 가부장제, 그리고 여성의 지위 부재 세 가지 '원리의 3화음'을 지적하며 이 원리들을 근거로 추적한다면 서양인을 곤혹스럽게 하는 한국사회의 수수께끼가 쉽게 풀릴 것이라고 주장한다(로웰, 앞의 책, 제13·14·15장).

39) "이들(하층 계급의 여인들) 대부분은 가정의 노예이며, 한국에서는 여성들 모두가 최하층 계급의 일원이라고 감히 말할 수 있다. 한국 여성은 다른 어떤 나라의 여성들보다도 더 철저히 예속적인 삶을 꾸려가고 있다."(비숍, 앞의 책, 63쪽)

40) 비숍, 앞의 책, 60쪽; 길모어, 앞의 책, 116쪽.

41) 길모어, 앞의 책, 118쪽.

여성 특유의 탁월한 이해력을 발휘하여, 외부로부터의 접촉으로부터 차단된 한국 여성들의 격리된 생활에 대해 서술하면서, 그것이 한국의 고유한 역사적·문화적 맥락을 고려하여 극히 조심스럽게 다루어야 할 미묘한 사안이라고 파악하며, 다음과 같이 말한다. "나는 이러한 체제 아래에서 한국 여성이 불쾌함과 불편함을 느끼고, 유럽 여성들이 향유하는 자유에 대해 갈망하고 있다고 말하는 것은 결코 아니다. 격리는 모든 나라들의 관습이다. 모든 나라들은 세련되고 노골적인 차이만 있을 뿐 각각 자기 나름대로 양식화된 여성들의 격리를 행한다. 그러므로 여성들의 자유에 대해 일방적인 척도를 적용하는 것은 위험하다. …내가 한국 여성들이 여성에 대한 우리(서양)의 관습에 대해 어떻게 생각할지 궁금하다고 물었을 때 한 지적인 한국 여성은 나에게 이렇게 대답했다. "에구, 가엾기도 해라. 우리는 당신의 남편이 당신을 너무 구박하고 보살피지 않는다고 생각해요."[43]

비숍의 이러한 서술은 바로 위에서 보여준 태도와 비교해볼 때 명백한 인식의 심화를 보여주는 대목이다. 더 나아가 그는 축첩畜妾제도에 대해서도 한국의 특수성을 강조함으로써 부부관계에 대한 획일화된 단순한 서구중심적 이해

---

42) 길모어, 앞의 책, 제8장.
43) 비숍, 앞의 책, 395쪽.

방식으로부터 벗어난다. "축첩은 관습적으로 인정되고는 있지만 중국처럼 당연하게 받아들여지지는 않는다. 우리가 하인이나 집사를 고를 때처럼 남자의 아내나 어머니가 첩을 고르는 일이 드물지 않다. …적어도 법적으로 한국인들은 엄격한 일부일처주의자들이다."[44]

이처럼 점차 격식과 의례를 중시하는 한국의 풍습을 이해하게 되면서, 이들은 미개하고 야만적이라고 간주해온 '은둔의 왕국' 사람들의 무가치해 보이는 일상 속에 서양인들이 상상할 수 없을 정도로 고도로 상징화된 의례의 절차와 규범이 내재해 있음을 깨닫게 된다. 길모어는 한국에는 극도로 정교하게 등급이 매겨진 예의범절이 있어 심지어 손님이 떠날 때 주인이 배웅하는 거리도 그 손님의 벼슬의 높낮이에 따라 결정된다고 지적한다.[45] 더 나아가 비숍은 몸소 체험한 한국의 격조 높은 궁중 예법을 멸시와 조롱의 대상으로 삼는 서양인들의 편견을 비판하면서 다음과 같이 말한다. "나는 한국 민족의 전통과 예법이 우리와 다르다는 것을 빼고는 조롱할 만한 것은 아무것도 없다고 생각한다. 오히려 거기에는 단조로움과 점잖음, 상냥함과 정중함, 내게는 무척이나 호감이 가던 예법이 있었다."[46]

---

44) 비숍, 앞의 책, 396쪽.
45) 길모어, 앞의 책, 90쪽.

이처럼 한국사회에 대한 이해의 심도가 깊어지게 되면, 많은 서양인들이 손쉽게 한국인의 저열성의 징표로서 불결한 생활습관과 더불어 언급해온 '나태하고 게으른' 노동윤리에 대해서도 한국사회의 독특한 사회적 관습과 역사적 변화와 결부시켜 그 심층적 원인을 설명한다. 그것은 인간 개개인의 천성적 기질의 문제가 아니라 노동과 근면성에 대한 동기부여가 결여된 사회체제의 문제라는 것이다.[47] 가령 비숍은 이것을 한국에 가장 널리 퍼져있는 심각한 폐습, 즉 "수천의 능력있는 신체를 가진 사람들이 자신보다 부유한 친척 또는 친구들에 매달려 호소하려는 악습" 때문이라고 꼬집는다. 나태한 생활을 영위하는 것이 곧 상류사회에서의 지위권을 입증하는 것이며, 이들은 관직을 임명받더라도 나라의 월급을 축내고 수뢰하는 일 외에는 하는 일이 없다. 농민들은 이러한 모든 '기생충들'의 부양자에 다름아니며, "수많은 소작농들이 양반과 행정관료들의 가혹한 세금과 강제적 대부금 때문에, 해마다 경작 평수를 계속해서 줄이고 있으며, 하루 세 끼를 마련할 수 있을 정도로만 경작한다. 명백한 절망으로 죄어진 계급들이 무관심, 타성, 냉담, 생기 없음의 마비상태로 가라앉아 있다는 것은 놀라

---

46) 비숍, 앞의 책, 304쪽.
47) 길모어, 앞의 책, 30쪽.

운 일이 아니다."48) 결국 비숍은 한국사회의 변화와 발전을 가로막고 있는 가장 큰 저해요인으로 비생산적·기생적 계급인 양반을 지목하고 있는 것이다.49)

이러한 지적은 한국사회의 정체성停滯性의 원인을 한민족의 나태한 민족성에서 찾았던 통념적인 오리엔탈리즘적 인식틀을 넘어서, 그것이 궁극적으로 계급적·신분제적 사회질서에서 기인한 것으로 설명한다. 결국 관습과 제도에 대한 심층적 이해를 통해서 이들은 서양인들의 인종주의적 통념의 오류를 바로잡음은 물론, 한국사회의 문제점에 대한 진단과 처방까지도 함축하고 있는 것이다.

4. 과거의 초상확가 남긴 교훈

개항기 인천은 극동의 '은자의 나라'에 근대적이고 서구적인 새로운 문물들이 유입되는 관문도시이자, 각국 이방인들이 공존하는 국제도시로서 급격한 변화를 경험했다.

---

48) 비숍, 앞의 책, 510~511쪽.
49) 이 점에서는 길모어도 같은 입장이다. "한국에서 의심할 여지없이 국가 발전의 장애물이 되고 있는 전통이 있는데 그것은 다름아닌 양반들이다.…양반은 굶거나 구걸할지라도 일하지 않는다.…이 비생산적인 양반들은 늘어만 가고 있으며 국가의 재화를 위해 아무런 보탬이 되지 않는다."(길모어, 앞의 책, 88쪽)

그 변화가 20세기에 한반도 전체가 경험할 변화를 예고하는 것이었다는 점에서 인천은 근대적 변화를 선도하는 지역이었으며, 또 그러한 변화가 청일전쟁과 러일전쟁과 같은 전쟁의 소용돌이 속에서 외세의 침략과 지배를 받으며 이루어졌다는 점에서는 '식민지 근대 도시화'라는 비극적이고 모순적인 민족사를 체현한 공간이기도 했다. 이 점에서 개항기 서양인들이 남긴 인천의 첫인상에 대한 기록은 오늘날 우리에게는 사라져버린 우리의 사회문화적 원형질에 대한 인류학적 상상의 텍스트처럼 읽힌다.

개항기 인천을 통해 한반도에 들어와 한국사회를 경험한 서양 지식인들은 미지의 나라 한국에서 예전에는 전혀 알지 못했던 문화적 실체를 발견했다. 그들이 직접 만나고 겪으면서 느낀 한국인은 책으로 본 '야만인, 미개인'으로서의 한국인의 이미지나 외양으로 본 '건장하고 명민하지만 기이하고 게으른' 한국인의 이미지보다도 훨씬 더 압도적으로 '선량하고 좋은' 사람들이라는 것이었다. 그들이 본 한국의 관습과 제도는 유럽의 문명세계와는 정반대에 가까운 전혀 다른 것이었지만, 그 속에도 나름대로의 합리성이 내재해 있음을 발견하였다. 적어도 그들은 지성인들로서 당시 유럽의 대중적 인식을 지배하고 있던 유럽중심주의에 대해 일정 정도 비판적 거리두기의 위치에서 발언하고자 노력했다. 그들에게 있어서 현존하는 문화적 차이를 보다 정확히 이해하는 것은 중요한 지성적 과제였던 것이다. 하지만 안타깝게도 궁극적인 차원에서는 그들에게 그것은 필연적으로 다가올 문명화의 과정에서 어차피 사라져야 할 운명에 처한 '역사의 유물'에 불과한 것으로 인식되었다.

그렇다면 개항기 한국을 방문한 서양 지성인들은 과연 문명세계의 편견으로부터의 탈피에 성공했으며, 자유부동한 지성의 사해동포주의를 이념적으로나마 실현할 수 있었다고 볼 수 있을까? "양반의 폐단에 대한 유일한 처방은 아마도 새로운 문명을 채택하는 일일 것"[50]이라고 역설하는 길모어의 주장처럼, 서양에서 온 지성인들이 최종적으로 귀착하게 되는 대안은 예외없이 '문명'이었다. 그것은 '문명'의 이름으로 열강이 지배하는 당시의 국제정세를 현실로서 받아들이고, '문명인'이라는 특권적 자격으로 전 세계를 누비고 다니는 그들 자신의 존재론적 지위를 승인하는 한, 결코 벗어날 수 없는 그들의 인식과 실천의 필연적 한계였다.[51] 한국에 대한 단순한 호기심에서 비롯되어 복잡한 애증의 감정으로 발전되어간 그들의 담론은, 당시 점차 복잡한 기류에 휩싸여가는 극동의 정세 속에서 절체절명의

---

50) 길모어, 앞의 책, 88쪽.
51) 이에 대해서는 정연태, 앞의 논문 참조.

위기 상황에 직면한 '열등한 약소국' 한국의 운명에 대한 자기모순적이고 비관적인 전망으로부터 끝내 자유로울 수 없었던 것이다.

하지만 서양 지식인들이 개항기 한국에서 쓴 글들에서 나타나는 '문화적 차이'의 담론과 '문명의 결여'의 담론의 뒤섞임은 단지 당시 서양인들의 인식의 한계를 드러내는 증표로만 볼 수는 없다. 그것은 시공을 초월하여 '문명'과 '비문명' 혹은 하나의 문화와 다른 문화가 조우할 때 나타날 수 있는 담론적 반응 또는 의미론적 대응의 적나라한 양상을 보여준다. 지난 세기 지구상에서 유례를 찾기 어려운 고도 경제성장과 압축 근대화를 통해 어느덧 서양인들보다 더 '서구적'이고 더 '문명적'으로 탈바꿈해버린 지금 우리에게도 이것은 여전히 진지하게 곱씹어볼만한 문명사적 질문을 던지고 있지 않는가. 오늘날 우리에게 개항기 서양인들이 그려준 과거 우리 자신의 초상화는 과연 어떤 의미를 지니는가? 지금 우리는 불과 150년도 채 되지 않은 과거 우리 자신의 모습으로부터 얼마나 멀리 와버린 것일까? 어쩌면 이 질문에 대한 해답을 찾는 것이야말로 우리 시대의 과제가 아닐까.

참고문헌

1. 자료문헌

게일(Gale, James Scarth), *Korea in Transition*[1909], Cincinnati, 신복룡 외 역, 『전환기의 조선』, 평민사, 1986.

게일(Gale, James Scarth), *Korean Sketches*[1898], NY, 장문평 역, 『코리안 스케치』, 현암사, 1970.

그리피스(Griffis, William Elliot), *Corea: The Hermit Nation*[1882], London, 신복룡 역, 『隱者의 나라, 한국』, 탐구당, 1976.

기포드(Gifford, Daniel Lyman), *Everyday Life in Korea: A Collection of Studies and Stories*[1897], 심현녀 역, 『조선의 풍속과 선교』, 한국기독교역사연구소, 1995.

길모어(Gilmore, George W.), *Korea from its Capital*[1892], 신복룡 역, 『서울풍물기』, 평민사.

런던(London, Jack), *La Corée en feu*[1982], Paris, 윤미기 역, 『잭 런던의 조선 사람 엿보기: 1904년 러일전쟁 종군기』, 한울, 1995.

로웰(Lowell, Percival), *Choson: The Land of The Morning Calm*[1888], Boston, 조경철 역, 2001, 『내 기억 속의 조선, 조선 사람들』, 예담.

로웰(Lowell, Percival), *The Soul of the Far East*[1911], NY, Macmillan.

매켄지(Mckenzie, Frederick A.), *Korea's Fight for Freedom*[1920], London, 신복룡 역, 『한국의 독립운동』, 평민사, 1986.

매켄지(Mckenzie, Frederick A.), *The Tragedy of Korea*[1908], NY, 신복룡 역, 『대한제국의 비극』, 탐구당, 1974.

비숍(Bird, Isabella L.), *Unbeaten Tracks in Japan*[1885], 高梨健吉 譯, 『日本 奧地紀行』, 東京: 平凡社, 2000.

비숍(Bishop, Isabella Bird), *Korea and Her Neighbors*[1898](2 vols), London/NY, 이인화 역, 『한국과 그 이웃나라들』, 살림, 1994.

샤이에 롱 베(Bey, Chaillé-Long), *La Corée ou Tchösen: La terre du calme matinal*[1894], Paris, 유원동 역, 『맑은 아침의 땅 朝鮮』, 숙명여대 출판부, 1982.

셔우드 홀(Sherwood Hall), M. D., *With Stethoscope in Asia: Korea*[1978], 김동열 역, 『닥터 홀의 조선 회상』, 동아일보사, 1984.

알렌(Allen, Horace N.), *Things Korean: A Collection of Sketches and Anecdotes, Missionary and Diplomatic*[1908], NY, 신복룡 역, 『조선 견문기』, 평민사, 1986.

언더우드(Underwood, Lillias H.), *Fifteen Years among the Top-Knots or Life in Korea*[1904], NY, 김철 역, 『언더우드 부인의 조선생활』, 뿌리 깊은 나무, 1984.

오페르트(Oppert, Ernst), *Ein Verschlossenes Land, Reisen nach Korea*[1880], Leipzig, 한우근 역, 『조선기행』, 일조각, 1974.

지그프리드 겐테(Siegfried Genthe), *Korea: Reiseschilderungen*[1905], Berlin, 게오르그 베게너 편, 최석희 역, 『겐테의 한국기행(1901~1902)』,

대구효성가톨릭대학교 출판부, 1999.

커즌(Curzon, George Nathaniel), *Problems of the Far East*[1894], London, 라종일 역, 『100년 전의 여행 100년 후의 교훈』, 비봉출판사, 1996.

헐버트(Hulburt, H. B.), *The Passing of Korea*[1906], London, 신복룡 역, 『대한제국멸망사』, 평민사, 1984.

2. 연구문헌

김광우, 「대한제국시대의 도시계획: 한성부 도시개조사업」, 『향토 서울』 50, 서울시사편찬위원회, 1990.

김백영, 「19세기말~20세기초 서양인 여행자들의 눈에 비친 한국의 사회상」, 한국사회사학회 제84회 월례발표회 발표문(미간초고), 1998.

김백영, 「개항기 서양 지식인들의 서울 인식: 로웰, 길모어, 비숍을 중심으로」, 『향토 서울』 68, 서울시사편찬위원회, 2006.

김왕배, 「'은둔의 왕국': 한국학의 맹아와 선구자들」, 『정신문화연구』 가을, 통권76호, 한국정신문화연구원, 1999.

박지향, 『일그러진 근대: 100년전 영국이 평가한 한국과 일본의 근대성』, 푸른역사, 2003.

백성현·이한우 공저, 『파란 눈에 비친 하얀 조선』, 새날, 1998.

손철배, 「서양인이 본 한국과 한국인」, 『우리는 지난 100년동안 어떻게 살았을까』 권3, 역사비평사, 1999.

신복룡, 『신복룡 교수의 이방인이 본 조선 다시 읽기』, 풀빛, 2002.

여동찬, 「개화기 불란서 선교사들의 한국관」, 『교회사 연구』 5, 한국교회사연구소, 1987.

왕한석, 「개항기 서양인이 본 한국문화: 비숍의 「한국과 그 이웃 나라들」을 중심으로」, 『비교문화연구』 4, 서울대 비교문화연구소, 1998.

유영렬·윤정란, 『19세기말 서양선교사와 한국사회: The Korean Repository를 중심으로』, 경인문화사, 2004.

이광린, 「「비숍」 여사의 여행기」, 『진단학보』 71, 진단학회, 1991.

이기백 편, 『한국사 시민강좌』 제34집, 일조각, 2004.

이태진, 『고종시대의 재조명』, 태학사, 2000.

이향순, 「미국 선교사들의 오리엔탈리즘과 제국주의적 확장」, 『선교와 신학』 제12집, 장로회신학대학교 세계선교연구원, 2003.

이희환, 『仁川아, 너는 엇더한 도시?: 근대도시 인천의 역사·문화·공간』, 도서출판 역락, 2008.

이희환, 『이방인의 눈에 비친 제물포: 인천개항사를 통해 본 식민근대』, 인천문화재단, 2011.

정연태, 「19세기 후반 20세기 초 서양인의 한국관: 상대적 정체성론·정치사회 부패론·타율적 개혁 불가피론」, 『역사와 현실』 제34권, 한국역사연구회, 1999.

조정경, 「J.S. Gale의 한국 인식과 재한 활동에 관한 일연구」, 『한성사학』,

한성대학 사학회, 1985.

한영제 편, 『한국 기독교 문서운동 100년』, 기독교문사, 1987.

에드워드 사이드(Said, Edward W.), 박홍규 역, 『오리엔탈리즘』, 종로서
    적, 1991.

Kim Sun-ju, "Representing Korea as the "Other": Ernst J. Oppert's", *The
    Review of Korean Studies*, Vol. 7 No. 1, 2004.

Marjorie Morgan, *National Identities and Travel in Victorian Britain*, NY,
    Palgrave, 2001.

더 읽어볼 책들

• 이희환, 『이방인의 눈에 비친 제물포: 인천개항사를 통해 본 식민
   근대』, 인천문화재단, 2011.

개항 당시 인천을 바라보는 다양한 관점들을 세 가지 시선—조선인의 민
족주의, 서양인의 오리엔탈리즘, 일본인의 식민주의—을 중심으로 정리
한 책이다. 서양인 및 일본인 외교관, 기자, 선교사, 여행가 등의 다양한
저자들이 남긴 풍부한 기록들을 활용하여 개항기 인천지역의 변천과정
을 매우 생생하게 그려내고 있다. 특히 당시의 변화상을 개항장 형성,
청일전쟁, 러일전쟁 등의 굵직굵직한 역사적 사건의 역동성과 연관지어
설명하고 있어 인천의 역사에 흥미를 가진 독자라면 매우 흥미롭게 읽을
수 있다.

• 박지향, 『일그러진 근대: 100년전 영국이 평가한 한국과 일본의
   근대성』, 푸른역사, 2003.

19세기 영국인들의 본 한국과 일본의 모습을 통해 당시 서양인들이 오리
엔탈리즘적 시선이 동아시아에 어떻게 투사되었는지를 생생하게 담아내
고 있다. 한국과 일본을 '고요한 아침의 나라'와 '떠오르는 태양의 나라'
로 묘사한 서양인들의 시선을 통해 당시 한국의 실상을 좀더 객관화함으
로써 지배적인 민족주의 역사관의 한계를 넘어서려는 저자의 진지한 문
제제기는, 여러 가지 한계와 문제점에도 불구하고 경청할 부분이 적지
않다. 또 커즌과 비숍의 시각 차이에 대한 분석을 통해 식민주의 담론의
남성성과 여성성을 밝혀내는 부분도 흥미롭다.

• 비숍(Bishop, Isabella Bird), 이인화 역, 『한국과 그 이웃나라들』, 살림, 1994.

영국 최초의 여성 왕립지리학회 회원이었던 저자가 19세기말 한반도를 비롯한 극동지역을 방문하여 남긴 여행기이다. 빅토리아시대의 여성이자 훈련받은 학자로서 특유의 예리한 관찰력과 섬세한 필력이 결합되어 구한말 한국을 방문한 서양인들의 여행기 가운데 단연 백미라 할 수 있을 정도로 당시 한국인과 한국사회, 한국문화의 이모저모에 대해 다채롭고 풍부한 내용과 서술을 자랑한다. 구한말 외국인들의 여행기를 번역할 책들이 그동안 상당히 많이 출간되었는데, 이 책은 번역문의 수준에 있어서도 ―완벽하다고 할 수는 없지만― 매우 훌륭한 편이라고 할 수 있다.

• 에드워드 사이드(Said, Edward W.), 박홍규 역, 『오리엔탈리즘』, 종로서적, 1991.

팔레스타인 출신으로 미국 학계에서 활동한 영문학자였던 저자가 1978년 출간한 책으로, 20세기 후반 세계적으로 가장 영향력있는 고전의 반열에 오른 명저이다. 사이드는 오리엔탈리즘을 동양에 대한 서양의 오랜 '상상의 지리'에서 비롯되어 제국주의 시대 서양인들이 비서양세계를 정신적·물질적으로 지배한 권력의 원천이 되었다고 본다. '앎의 양식'으로 출현한 오리엔탈리즘은 서양의 지리적 팽창과 식민주의, 인종주의, 자민족중심주의와 결부되어 '지배의 양식'으로 공고화되었으며, 이는 19세기 영국과 프랑스의 식민주의를 거쳐 현대 미국의 아시아, 남미, 아프리카 등지에 대한 패권주의적 국제정책에서도 그 영향력을 확인할 수 있다고 주장한다.

• 신복룡, 『신복룡 교수의 이방인이 본 조선 다시 읽기』, 풀빛, 2002.

저자가 서구인이 쓴 구한말 한국 풍물지 총 23권을 전집으로 번역·출판한 것을 계기로 쓴 글들로, 1999년 5월부터 2000년 2월에 걸쳐 『주간조선』에 연재한 글들을 모아서 펴낸 책이다. 매우 소략한 20개의 꼭지 글들의 모음이라 깊이 있는 정보를 기대하기는 어렵지만, 한말 한국을 방문한 23인의 서양인들과 그들 각자가 남긴 여행기를 풍부한 도판과 더불어 알기 쉽게 소개하고 있어 당시 한국을 방문한 주요 서양인들과 대표적 저서들을 한눈에 파악하기에는 유용한 책이다.

개항기 경인로의 변천

김종혁

고려대학교 사범대학 지리교육과를 졸업한 뒤, 같은 학교 대학원에서 석사와 박사 학위를 받았다. 현재 같은 학교 민족문화연구원 '한국 근대 전자역사지도 편찬실장'으로 재직 중이다. 『Inside Korea–Discovering the People and Culture』(공저, 2012), 『경기도의 근현대지도』(2005) 등의 저서와, 「조선후기의 대로」, 「전근대 수로의 경제적 기능과 문화적 의미」, 「근대 지형도를 통해 본 경인로의 노선 변화」, 「땅길과 물길의 근대적 변화와 지역사회」 등 전근대로부터 근현대까지의 교통로에 관한 논문 외 다수의 논문이 있다.

개항기 경인로의 변천*

1. 길 만들기

1) 찻길과 발길

한때 문화유산 답사가 전국적으로 붐을 이뤘던 적이 있었다. 여기에 유홍준의 책 『나의 문화유산 답사기』가 밀접히 관련되어 있음은 주지의 사실이다. 책이 나온 것은 1993년이었다. 한국은 이 무렵에 이른바 'My Car' 시대에 접어들었다. 한 손에는 도로교통지도책을 들고 다른 한 손에는

---

* 본고는 역사문제연구 18호(2007, 역사문제연구소)에 게재된 '근대 지형도를 통해 본 경인로의 노선 변화'와, 인천시립박물관 소식지 '풍경' 12~14호 특집 '인천의 옛길'을 수정, 보완하여 작성하였다.

유홍준의 책을 들고 자가용을 직접 운전하며 전국을 누비는 사람이 적지 않았다. 유홍준 스스로도 책의 성공 요인으로 자동차의 보급이 시기적으로 잘 맞았다는 점을 얘기한 적이 있다. 문화유산 답사붐은 5년 남짓 지속되다가 IMF와 함께 수그러들었고, 시리즈 형태로 나오는 책은 2012년 9월에 제7권까지 출간되었다.

2007년 제주도에서 새로운 움직임 하나가 포착되었다. 길을 만들겠다는 것이었다. 뚝딱하면 새 길이 생기는 요즘 세상에 길을 만들겠다는 것이 뭐가 새로울까마는 이 길은 자동차를 위한 길이 아니라 다리(legs)를 위한 길이라는 점에서 그러하다. 이들은 이 해 2월에 시범 답사를 했고, 부지런히 각계의 의견을 듣고 토론하였다. 제주도를 거듭 나게 한 제주올레길은 이렇게 탄생하였다. 2007년 9월에 제1코스가 처음 세상에 소개된 이래 만 4년이 지난 작년 9월 올레길이 19개까지 늘었다. 올레길은 제주도 말로 '골목에서 대문까지 난 길'을 일컫지만, 지금은 '걷기를 위해 조성한 길' 정도의 보통명사처럼도 쓰인다. 올레길은 각 종 둘레길의 산파 노릇도 했다. 지리산둘레길은 제주도올레길과 함께 최고의 길 명소가 되었다. 고무된 지자체는 길 위에 역사와 문화를 얹어 스토리가 있는 길을 만들고 있다. 인천도 강화도, 문학산, 인천대공원, 월미공원 일대에 걷는 길 십 수 개의 코스를 개발해 놓았다.

제주올레길 7코스(서귀포시 강정동)
출처: 네이버지도(http://map.naver.com)

2) 옛길 걷기

이 정도면 작금 한국에서의 '걷는 길'은 트렌드가 되었다. '걷는' 길이라니 좀 이상하게 들릴 수도 있겠다. 그러나 사회가 고도화되면서 걸을 수 없는, 자동차만 다닐 수 있는 길이 부쩍 늘었다. 이에 대한 반작용이었을까 '걷기'를 시도하는 사람도 늘었다. 한국에서 기차와 자동차가 다니기 시작한 이래 1980년대까지 '걷는' 사람의 대표선수는 전국의 산악회원들이었다. 이들은 1990년대에 백두대간을 필두로 이른바 산경표 걷기를 시도한다. 이후 다양한 걷는 사람들이 생겨났다. 일부 대학에는 이미 도보답사 동아리가 활동하고 있었고 오지를 찾는 모임도 한때 유행했다. 동강 문제가 불거지면서는 동강 트레킹도 유명해졌다. 이런 걷는 사람들의 한 갈래는 옛길을 걷는 사람들이었다.

신문기자 출신의 김정호, 당시 서울대 지리학과 대학원생 도도로키 히로시轟博志, 도보답사 전문가 김재홍·송연 부부, 문화사학자 신정일 등은 호남대로(해남로/제주로), 영남대로(동래로), 관동대로(평해로) 등 천 여 리에 달하는 긴 노정을 걸어 완주하고는 답사기를 책으로 펴냈다. 이 길들은 흔히 '옛길'로 불리는 길들이다. 여정이 과거의 흔적을 찾아다니는 것이라 사전에 문헌조사와 고지도분석이 선행되기 마련이다. 이 점이 옛길 답사를 어렵게 만들지만 답사 과정은 초등학교 시절 소풍 때 했던 보물찾기놀이와도 같아서 숨어 있는 옛길을 찾았을 때에는 기분 좋은 흥분과 짜릿한 희열까지도 느낄 수 있다. 이 맛을 잊지 못하는 몇몇 사람들이 옛길 답사 매니아층을 이룬다. 이러한 옛길은 완주하는 데 보름 이상씩 걸린다. 맘먹고 단박에 완주하는 경우도 있지만 주말을 이용하여 구간구간 끊어서 주파하기도 한다. 옛길 답사기가 책으로 엮이기 시작한 것은 1990년대 말부터이다. 지금은 산길, 옛길, 오지길, 강변길, 올레길, 둘레길

등 전국의 걷기 좋은 길을 소개하는 책자가 봇물처럼 나오고 있다.

관갑천잔도(串甲遷栈道, 2009.9)
* 요즘은 토끼비리길로 더 잘 알려져 있다. 『동국여지승람』 문경현 역원조에 나온다.

3) 옛길과 옛 길

길은 그 위에 다니는 사람이 없어지지 않으면 좀처럼 사라지지 않는다. 너무나 당연한 얘기이다. 일찍이 조선후기 실학자 여암旅菴 신경준申景濬(1712~1781)은 『도로고道路考』에서 '길은 그 위를 다니는 사람이 주인'이라 하였다. 주인이 버리지 않는 한 길은 계속 길일 수 밖에 없다. 그러하니 길이란 '옛 길'이 되기가 쉽지 않다. 나이가 많아질 뿐 여전히 살아 있으므로 옛 길보다는 오래된 길이라는 표현이 맞을 것이다. 일부 노선이 변경됐을지언정 지금도 살아 있는, 나이가 많은 오래된 길을 우리는 지금 흔히 '옛길'이라 부른다. 그러니 사실 옛길이 1970년대에 만들어진 길도 있고, 일제시기에 신작로로 만들어진 길도 있고, 조선·고려·삼국시대에 만들어진 길도 있다.

길이 언제부터 길이었는지도 알기가 쉽지 않다. 답사 현장에서 지역 어르신들에게 막연하게 옛 길을 여쭈면 1950~1960년대 상황을 말씀하시는 경우가 대부분이다. 그들에게 옛 길이란 자신들의 어렸을 적 기억 속의 길이리라. 다시 내가 콕 집어서 일제시기 상황을 여쭤보면 시원하게 돌아오는 대답은 그리 많지 않다. 이 질문에 되돌아오는 가장 많은 답은 "지금이야 길이 넓어졌지만, 내나 그 길이 지금 이 길이여" 정도이다. 그때나 지금이나 그 길이 그대로 이용되고 있다는 것이다. 대체할 수 있는 더 좋은 길이 만들어지지 않는 한 기존의 길이 없어질 리가 만무하다. 길이 언제부터 길이었는지 잘 알 수 없고, 유물·유적처럼 박물관에 보존되어 있는 것도 아니어서 옛 길은 그 정체를 파악하는 것 자체가 난해하다. 이에 요즘 관심의 대상이 되고 있는 옛 길은 단순히 오래된 길이 아니라 과거 문헌에 기록되어 있어 존재가 확인되는, 그러나 그 실체가 뚜렷하게 드러나지 않는, 그래서 문헌과 지도에 근거하여 그 노선을 추적·복원할 수 있는 길, 즉 '옛길'이다.

『도로고』 표지

4) 인천의 큰 길

지명은 땅 위의 특정 지점이나 대상을 인식하고 공유하는 매개체이다. 길에도 마을 단위에서 국가 단위에 이르기까지 다양한 층위에서 이름이 붙어 있다. 삼국시대에도 국가 단위의 간선도로에 도로명이 부여된 사실이 문헌에 기록되어 있다. 그러나 간선도로의 경로를 체계적으로 정리한 첫 문헌은 1770년에 여암이 펴낸 『도로고』이다. 여암은 전국의 간선도로망을 여섯 개의 대로로 구분하였다. 이 6대로의 기점은 모두 서울이고 종점이 되는 지명은 각 대로의 노선명이 되었다.

경인로 옛 노선(구월동 댕기풀이길, 2006)

　제1로 의주로京城西北抵義州路第一는 개성과 평양을 지나 평안도 의주까지, 제2로 경흥로京城東北抵慶興路第二는 원산과 함흥을 지나 함경도 경흥 서수라까지, 제3로 평해로京城東抵平海路第三는 원주와 강릉을 지나 강원도 평해까지, 제4로 동래로京城東南抵東萊路第四는 충주와 상주를 지나 경상도 동래까지, 제5로 제주로京城西南抵濟州路第五는 수원·공주·전주·해남을 거쳐 해로로 제주까지, 제6로 강화로京城西抵江華路第六는 양천과 김포를 지나 강화까지 이어주는 길이다. 이 가운데 서울과 인천을 잇는 경인로가 『도로고』에서 강화로의 분기로로 등장한다. 인천을 대표하는 옛길이 될 것이다.

2. 경인로의 원형

경인로라는 말 자체가 언제부터 쓰였는지는 잘 모르겠다. 다만 1899년에 개통한 한국의 첫 철도선 이름이 '경인선'이었으니 경인로라는 도로명도 아마 20세기 전후 이 무렵에 생겨나지 않았을까 추측해 본다. 경인선 철도 노선명은 기점과 종점, 즉 서울과 인천 두 도시 이름에서 한 글자씩 따온 것이다. 조선시대에 대로명이 종점의 이름에 기인한 것과는 그 조어법이 다르다.

조선시대 6대로 가운데 제6로인 강화로는 서울 서대문밖을 나와서 아현동, 양화진, 철곶포, 양천, 김포, 통진을 경유하여 강화도까지 이어지는 길이다. 경인로는 이 경유지 중철곶포에서 분기하여 육로로 제물진濟物津까지, 수로로 영종포진永宗浦鎭까지 이어졌다. 조선시대의 도로명 부여 원칙에 따르면 이 길은 '제물로' 또는 '영종로' 정도로 불러야할 것같다.

인천의 한적한 포구마을이었던 제물포(=제물진)는 19세기말 개항과 더불어 근대도시적 면모를 갖추기 시작하였고, 한국이 국제사회에 조금씩 편입되면서 인천이 갖는 정치적·경제적·사회문화적 의미 또한 새로운 국면을 맞이하였다. 높아진 인천의 지역적 위상은 경인로의 위상에도 커다란 영향을 미친다. 개항 이래 조선을 방문하는 외국인(특히 서양인)들의 입국로로 가장 많이 선택된 곳이 인천이었고, 이들의 중요한 목적지인 서울까지 이들이 이용한 루트는 경인로였다. 개항기에 실제 배가 닿던 제물포 선착장은 지금 파라다이스올림포스 호텔이 자리잡은 작은 구릉지 아래에서부터 신포사거리까지의 해안으로 추정된다. 당시 제물포 경관을 상상해보면, 해안은 갯벌로 구성되어 있었고 부두시설을 갖추기 전까지 물때에 따라 해안선이 큰 폭으로 오르내렸을 것이다.

경인철도 부설 전 제물포로 입항한 외국인의 주요 이동수단은 나귀나 말이었다. 이들의 이동속도는 도보와 크게 다르지 않았다. 나귀나 말은 사람이 타기보다는 것이 짐을

Our ride to Seoul
* 서양인들이 제물포로 입국한 뒤 서울로 가는 장면을 그렸다. 서양인들은 말을 타고 앞서가고, 그 뒤에서 조선인들이 짐을 실은 말을 몰고 걸어간다. 이동속도는 도보속도와 같다.
출처: The Illustrated London News, April 3, 1886, p.326.

싣는 경우가 많았고, 말을 타더라도 길을 안내하는 종자從者가 옆에 붙어 걸어가기 때문에 속도를 낼 수 없었던 것이다. 제물포 앞바다에서 처음 조선과 마주한 이방인들은 조선의 산하와 취락, 그리고 조선인들을 경인로 위에서 바라볼 수 있었다. 경인로변의 경관이 바로 조선의 이미지로 다다갔을 것이다.

조선시대의 국도 가운데 가장 중요한 노선은 중국과 통하는 '의주로'였고, 다음으로는 일본과 통하는 '동래로'였다. 하지만 19세기 말엽부터 강화로의 분기로에 불과했던 경인로는 조선의 이미지를 만들어내는 도로가 되었다. 그러나 개항과 더불어 조선이 동아시아 너머 국제사회에 편입되면서 의주로보다는 경인로에 점차 조선 제1로의 상징성이 부여되기 시작하였다. 이러한 근대 개항적 상황을 차치하더라도 경인로는 수도 서울과 인접해 있다는 지리적 위치 때문에 최소한 조선시대 이후로는 인천에서 가장 중요한 대로로 인식되고 있었다.

1) 경인로를 찾아서

김정호가 펴낸 『대동지지』(1864) 「정리고程里考」에는 경인로 노선이 아래와 같이 소개되어 있다. 이 길은 「대동여지도」나 「동여도」 등의 옛 지도에도 잘 나타난다.

철곶포(鐵串浦)−고음달내현(古音達乃峴, 18, 分岐)−성현(星峴,
25, 自楊花渡至岐灘橋八里梧里谷七里星峴三十里行人多由此)−〈인
천〉(仁川, 10, 京七十里, 北富平三十里, 東始興五十里, 南安山四十
里)−제물진(濟物津, 20)−영종포진(永宗浦鎭, 10, 水路) [괄호 안의
아라비아 숫자는 앞 경유지와의 거리]

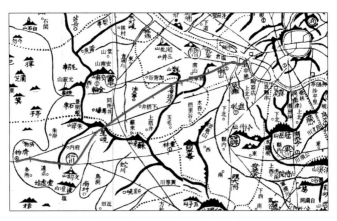

「대동여지도」에 수록된 경인로

철곶포는 안양천의 합수점 부근으로 생각되는데, 현재
양화교(인공폭포 앞)가 건설된 곳 부근으로 추정된다. 고음달
내현은 곰달래고개를 음차音借한 지명으로 서울시 신월동과

부천시 원종동 사이의 시경계에 있다. 이 주변 지역에서는 도로명이나 아파트 이름에서 곰달래를 자주 볼 수 있다. 『여지도서』에 따르면 18세기 중반에 이 마을은 점막店幕을 형성하고 있었다. 곰달래고개와 성현星峴 사이의 지형은 굴포천 연안의 충적지와 낮은 구릉지가 넓게 펼쳐진 형세를 띤다. 저지대에서 길이 나는 양상이 그렇듯이, 이 구간 역시 여러 갈래 길이 복잡하게 얽혀 있어 어느 것이 경인로 본선인지 정확히 알기 어렵다. 다만 일제시기 지형도에 의거하여 가장 빠른 경로를 살펴보면, 경인로는 고음월리(신월동)－성곡(부천시 오정구 여월동)－당아리고개－조종리(조마루, 원

중앙병원 앞 옛 경인로 본선
* 지금은 무네미로 448번길이다. 사진 위쪽이 서울방향이고 반대편이 군부대 정문으로 이어진다.

미1동)－부천역 서쪽 1km지점(46번 국도)－송내촌(솔안말)－중앙병원－성현으로 이어진다.

경인로 본선은 중앙병원(부천 송내동) 앞에서 중동대로에 합류되어 소멸한 것처럼 보인다. 그러나 경인로는 병원과 마주보고 있는 부대 안쪽으로 이어진다. 부대 정문이 바로 이 경인로 위에 세워져 있다. 부대 내의 경인로는 일반인이 이용할 수 없다. 정문 밖에서 안쪽 방향으로 멀리 보이는 두 산봉 사이의 안부鞍部가 바로 성현이다. 성현은 조선시대 인천과 부평의 행정경계였다. 조선시대 행정구역을 기준하면 철곶포는 시흥과 양천 경계에, 고음달내현은 양천과 부평 경계에, 성현은 부평과 인천 경계에 놓여 있다. 결국 고음달내현부터 성현까지의 노선은 옛 부평도호부 땅에 속한

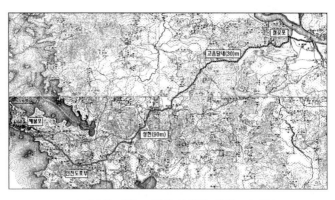

1890년대 지형도 위에 복원한 경인로 노선

다. 성현부터 도호부청사가 있던 관교동, 제물포까지가 조선시대 인천도호부 소속이다.

2) 부평과 인천의 경계, 성현

성현은 한남정맥漢南正脈 위에 놓인 고개로 별고개로도 불린다. 『한국지명총람』 만수동 편에 비루개 또는 비리고개로 적혀있고 '벼랑이 있다'는 설명이 붙었다. 아마도 벼랑고개가 비리고개, 비루고개, 별고개 등으로 불리다가 별성[星]자를 써서 성현으로 훈차된 듯하다.

오늘날 1:50,000 지형도나 각종 교통지도 및 행정지도에 표시되어 있는 '비루고개' 또는 '비리고개'는 「대동여지도」에 표시된 성현이 아니라 장수동과 송내동 사이의 새로 난 큰길을 일컫는다. 군부대 주둔으로 인해 성현이 제 기능을 발휘하지 못하자 본래의 지명이 다른 지리적 사상事象 (geographic feature)으로 옮겨간 경우에 해당한다. 그럼에도 성현 남쪽 바로 아래 만수동에는 새주소 사업에 의해 비루고개길이라는 이름이 붙었다. 성현의 남록에는 군 부대에서 세운 출입금지 표지판이 있다. 성현부터 인천도호부까지는 십리길로, 이 길의 절반은 현재 자동차의 통행이 뜸한 마을길로 남아있고, 나머지 절반 중 1/3 가량은 아파트단지로 편입되어 길의 자취를 감췄다. 나머지가 성현 남쪽의 고 갯길로 군부대에 편입된 오솔길로 남아있다.

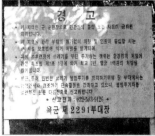

새주소 도로명 비루고개길과 성현 아래 군부대 출입금지 경고문

성현 남록의 오솔길과 그 아래로 이어지는 만수동 마을길(右)

성현을 넘은 경인로는 신한·삼부·대동아파트를 따라 만 수주공 6단지 북쪽 끝까지 이어진다. 이후에는 본래 백범로 변의 2단지 상가까지 6단지와 2단지 사이를 대각선으로 비 껴내려왔으나 노선이 단지 안쪽으로 편입되면서 옛 길이

없어졌다. 위 상가에서 백범로 건너편 인하메디칼병원을 끼고 남서쪽으로 뻗은 후 인주로 변 만수빌딩까지 이어진 길이 옛 경인로를 대신했다. 만수빌딩 앞에서 인주로를 건너 약 50m만 서쪽으로 이동하면 '댕기풀이길'이 남쪽방향으로 나아있다. 경인로는 여기서부터 해발고도 30~50m 사이의 작은 구릉지 사이를 넘나든다. 이 일대는 일찍부터 밭이나 과수원으로 개간되어 경인로가 마치 이들의 사잇길처럼 보인다. 호구포로를 횡단하면 경인로는 인천예절원을 지나고 2014년 아시아드 선수촌 아파트 예정지를 만난다. 이곳을 남쪽으로 끼고 돌아 남동경찰서 남벽南壁 길로 이어진다.

마을길로 남아있는 경인로 경관(구월동·수산동)

3) 인천도호부

남동경찰서에서 남동로를 횡단하는 경인로는 구월동농
수산물도매시장의 남벽을 따라 이어지고, 다시 6차선 도로
를 횡단하여 인천고속터미널의 버스 진출입용 일방통행로
로, 그리고 다시 한번 6차선 도로를 횡단하여 중앙어린이교
통공원으로 이어진다. 이 공원 내의 모의 교통로가 아무리
봐도 옛 노선을 그대로 이어받은 것 같다. 경인로는 계속해
서 4차선 길을 건너 인명여고 및 승학초등학교 남벽을 따라

이어지고, 문학월드컵경기장 북쪽을 경유하여 인천도호부 치소에 닿는다. 도호부 청사는 현재 문학초등학교 교내에 건물 두 채가 복원되어 있다. 동헌과 객사를 복원하는 것으로 계획하였다고 하나 편액扁額 조차 걸려 있지 않다. 현재 문학경기장 앞으로는 8차선 규모로 크게 관교로가 났지만 남쪽에 같은 방향으로 나아 있는 2차선 도로가 본래의 경인로이다. 경인로와 관교로는 문학경기장 서쪽 끝에서 합류한다. 주민들은 이 길을 구길 또는 문학동구길로 부르며, 취락이 이 길 양편에 밀집되어 있기 때문에 지금도 관교로보다 이 길로 운행하는 시내버스 노선이 더 많다.

도호부청사~제물포 사이는 옛 노선을 재구성하기가 가

어린이교통공원 내의 경인로

장 어려운 구간인 듯하다. 학익동이나 용현동의 경우처럼 택지개발이나 법원·구치소 등의 부지로 편입되면서 길이 아예 소멸한 곳이 많고, 그렇지 않더라도 옛 길이 자동차길로 재편되지 못한 채 마을 내 골목길로 전락하면서 대로로서의 면모를 잃어버렸기 때문이다. 물론 여기에는 일제 때 등장한 신작로가 원 도로를 계승하지 않고 새로운 노선으로 기획된 것이 근본적인 원인으로 작용하였다.

도호부청사에서부터의 대체적인 노선은 학익동 한국아파트 앞길-구치소앞길-학익2동사무소-영산연립-용남치안센터-해인아파트단지내-삼성아파트앞길-(제1경인고속도로 굴다리로 횡단)-대화약국-벧엘교회-독정이교차로-용현3동 매일신문-숭의오거리-숭의로터리-반야정사-신흥공구상가-신선새마을금고-신흥로터리-답동로터리를 지나 제물포에 닿는다. 현재 42번국도가 옛 선창가이고, 신포사거리에서부터 중부경찰서에 이르기까지를 제물포 부두로 추정할 수 있다. 제물포에서 영종진까지는 뱃길로 이어진다. 제물포에서 영종도는 육안으로 뚜렷하게 보인다. 조선후기의 경인로는 19세기 말 개항과 함께 노선은 물론 도로경관에도 커다란 변화가 찾아왔다. 특히 철도의 도입은 경인로의 존립에 근본적인 변화를 종용하기도 했다.

3. 경인신작로

개항 이후 경인로는 크게 최소한 두 번 경로를 변경한다. 이에 대한 정확한 문헌은 아직 찾지 못했지만 1890년대 발행된 1:50,000 지형도와 1910년 발행된 1:50,000 지형도를 통해 그 사실은 확인할 수 있다. 1883년 개항과 함께 인천의 중심지는 관교동에서 감리서가 설치된 제물포로 이전하자 경인로도 굳이 관교동으로 우회할 필요가 없어졌다. 한편 서울 쪽에서도 기점이 철곶포가 아니라 영등포로 바뀌었다.

1890년대 당시의 대로는 영등포에서 문래1동-대림2동을 지나 기탄(고척교?)에서 안양천을 건너 고척동-오류동(이상 서울)-괴안동-소사동-송내동(이상 부천시)을 경유한 후 성현을 넘었다. 송내동까지의 노선은 대체로 오늘날 46번국도와 일치한다. 성현을 넘어 백범로(42번국도)로 진입한 후 간석사거리에서 올리브백화점으로 이어진 경인로는 주원사거리까지 북서방향의 사선으로 길이 있었지만 지금은 골목길만 어렴풋한 흔적으로 보일 뿐 택지개발로 옛 길을 찾을 수 없다. 주원사거리에서 경인로는 석바위시장을 관통하여 남구보건소-도화1동 치안센터 앞에서 다시 45번국도를 만난다. 이후 배다리사거리 서쪽 노선을 따라 경동파출소를 경유, 신포동으로 접어든 후 감리서로 이어졌다. 인천의 치소가 관교동에서 내동으로 이전하면서 개항 이후의 경인로는 원 경인로보다 길이가 짧아졌다.

일제의 합병 이후에 경인신작로는 다시 한번 노선의 변화를 맞이한다. 감리서 시절의 노선과 다른 곳은 석바위부터 송내까지이다. 경인로가 기존의 성현을 버리고 원통이고개를 선택한 것으로 변화의 요지를 설명할 수 있다. 원통이고개는 해발고도가 50m로 성현의 120m보다 훨씬 낮고 경사도 완만하다. 원통이고개길은 더 멀리 우회하는 길이다. 그럼에도 이 노선을 선택한 것은 경인철도와의 연계성을 고려하지 않을 수 없었기 때문이다. 일제시기의 경인신작로는 주요 구간이 오늘날 46번국도로 계승되었다.

개항 이후 다른 어떤 도로보다 먼저 근대화가 추진된 점에서 경인로는 한국 교통사의 상징적 의미를 지닌다. 개항 이후 경인로 노선의 변경은 인천의 지역발전사의 노정을 보여준다. 제물포와 영등포를 연결하는 노선축의 변화는 서울—인천 간 지역구조 형성의 전개과정을 논의하는데 중요한 단서를 제공할 것이다. 이 지역구조의 변화, 또는 재편은 지역 주민의 삶에 직접적인 영향을 미친다는 점에서 더욱 중요하다. 한국에서 처음 건설된 경인철도는 특히 인천 사람들에게 그전에 전혀 생각지도 못했던 공간감을 새롭게 제시해 주었을 것이다. 개항 이후 경인로 외에 경인철도와 증기선, 그리고 자동차의 도입은 서울-인천간 공간 소통에 새로운 국면으로 열었다. 이는 경인지역의 근대 또는 발전으로 이어졌지만 분명 탈지역성의 시작이기도 했다.

더 읽어볼 책들

• 김정호, 『걸어서 가던 한양 옛길』, 향지사, 1999.

• 도도로키 히로시, 『영남대로 답사기』, 한울, 2000.

• 김재홍·송연, 『옛길을 가다』, 한얼미디어, 2005.

• 신정일, 『관동대로』, 휴머니스트, 2008.

• 김우선, 『강화 걷기여행』, 터치아트, 2009.

도도로키 히로시는 영남대로(동래로)외 삼남대로(2002, 제주로/해남로)를 더 썼고, 김재홍·송연의『옛길을 가다』한 권에는 영남대로와 삼남대로 두 답사기가 함께 실려있다. 신정일 역시 영남대로(2007), 삼남대로(2008)에 이어 관동대로까지 책으로 엮었다. 강화도를 걸어 쓴 책으로는 김우선의 것이 있다. 그야말로 발로 쓴 책이다. 개인적으로는 김재홍·송연의 글이 좋다. 솔직담백하고 옛 길을 찾는 과정이 상세하게 설명되어 있다. 다른 책도 그렇지만 옛 노선을 찾기 위해 노력한 흔적도 역력하다. 김우선의『강화 걷기여행』도 저자가 강화도를 샅샅이 걸어보고 난 후에 정리한 책이다. 부록으로 실린 '강화 걷기 지도'는 노선 경유지와 소요시간 등의 유용한 정보가 친절하게 수록되어 있어 이것만 지니고도 충분히 도보여행을 즐길 수 있다.

개항기 인천의 화교華僑

김태웅

서울대학교 사범대학 역사교육과를 졸업한 뒤, 같은 학교 대학원에서 석사와 박사
학위를 받았다. 정부기록보존소 학예연구관과 군산대학교 교수를 역임하였다. 현
재 서울대학교 사범대학 역사교육과 교수로 재직 중이다. 대표 저서로는 『뿌리깊은
한국사 샘이 깊은 이야기-근대편』, 『한국근대 지방재정 연구: 지방재정의 개편과
지방행정의 변경』, 『역해 한국통사』 등 다수가 있다.

개항기 인천의 화교華僑

1. 들어가는 말

〈그림 1〉 (구)공화춘 건물(현, 짜장면박물관으로 개수)

현재 인천에는 화교와 관련된 문화와 건축물이 많이 남아 있다. 그 중 짜장면과 북성동 공화춘은 각각 한국 화교의 기원을 단적으로 말해주는 문화 아이콘과 음식점이다. 특히 짜장면은 한국인들의 입맛을 사로잡아 많은 한국인들이 즐겨 먹는 음식이다. 따라서 짜장면을 떠올리면 화교가 으레 따라오고 화교를 논하면 인천을 거론해야 할 것이다. 그만큼 화교는 한국 근대 인천과 불가분리의 관계에 있었다. 이에 인천광역시는 인천과 화교의 이러한 관계를 염두에 두고 화교 자본과 중국인 관광객을 유치하기 위해 쇠락해진 '차이나타운'을 복원하고 홍보하는 데 진력하고 있다.

그러나 인천 화교의 발자취 즉 인천 화교의 기원, 화교들의 활동과 인천 사회에 미친 영향 그리고 조선인(한국인)과 화교들의 대립과 갈등의 역사를 제대로 알지 못한 채, 경제적인 이해관계 차원에 국한하여 접근한다면 인천 화교에 대한 온전한 인식에 도달할 수 없다. 오히려 양국인의 상호인식을 왜곡시켜 경계와 배척 또는 지나친 환대라는 이분법적 선택을 초래함으로써 문제의 소지를 키울 수 있다. 따라서 이러한 타산적인 이해에 머물지 말고 역사적 성찰을 통해 상호 간의 사회·문화에 대한 인식으로 확대할 필요가 있다.

〈그림 2〉 삼국지 벽화 거리

2. 인천 화교의 기원

화교華僑는 일반적으로 중국 본토 이외의 국가나 지역에서 거주하고 있는 중국계의 사람들을 가리킨다. 여기서 '화華'는 중국을 의미하며, '교僑'는 타국에서의 거주 내지는 임시 거주를 의미한다. 그리고 그 이주 과정과 역사는 12세기까지 거슬러 올라간다. 이 때는 중국인들이 남송 해안 상품경제의 급격한 발전에 힘입어 동남아시아로 진출했다. 그러나 이후 명나라가 만주족이 세운 청나라에게 멸망당하자 이들은 정치적인 박해를 피해 동남아시아를 비롯한 기타 지역으로 이주하였다. 그리고 아편전쟁 이후에는 끊임없는 전쟁과 제국주의 열강의 침탈에 견디지 못해 대량으로 출국하였다. 그 숫자는 천만 명으로 추산된다.

한편, 1880년대 인천에 들어온 화교는 열강의 침탈에 못이겨 동남아시아를 비롯한 세계 각지로 흩어진 화교들과 달랐다. 우선 이들 화교는 임오군란 이후 청나라의 조선 내정에 대한 간섭이 강화되고 '조청상민수륙무역장정朝淸商民水陸貿易章程'이 체결되는 가운데 여기에 편승하여 조선에 입국하였으며 청국 정부의 강력한 후원 아래 인천 개항장은 물론 서울 등 내륙 지역까지 침투하여 조선인의 상권을 침탈하였다. 물론 이전에도 임진왜란과 같이 자국 군대의 영향력에 힘입어 중국 상인들이 들어와 상업 활동을 벌이기도 하였다. 그러나 이러한 활동은 일시적인 경우로 전쟁이 끝난 뒤에는 중단되었다. 이에 반해 1882년 이후에는 동순태同順泰를 비롯한 여러 화상華商 단체들이 입국하여 청일전쟁을 비롯한 각종 분쟁에도 불구하고 지속적으로 상업 활동을 전개하였을 뿐더러 정주定住하는 비율도 높아져 갔다.

우선 동순태를 비롯해서 인합동仁合東, 동화창東和昌 같은 화상들이 운영하는 큰 점포가 현재 자유공원 한국회관 앞 언덕길을 동서로 가로지르는 두 개의 큰 길을 중심으로 형성되었다. 이 지역은 북성동 일대를 중심으로 형성된 청국조계지로서 본국 영사로부터 보호를 받을 수 있었기 때문이다. 그 결과 1884년 조계지 설정 이전과 이후를 비교하면 33명에서

202명으로 증가하였다. 1886년에는 238명, 1893년에는 678명으로 증가하였다. 당시 일본인은 702명에서 2,504명으로 증가하였다.

〈그림 3〉 인천항 조계지 구역

　물론 이들 화교 인구는 일본인 인구에 비해 3분의 1에 불과하였다. 그러나 일본인들이 주로 작은 점포와 행상, 노동 등에 종사한 반면에 화상들은 큰 점포를 가지고 영업을 하였다.

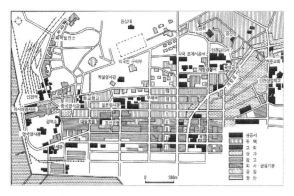

〈그림 4〉 제물포 부근의 토지 이용과 주요 기관의 분포(1910)
출전: 최영준, 「개항을 전후한 인천의 지리적 연구」, 『지리학과 지리교육』 2-1, 1974

〈그림 5〉 인천 화교를 보호하고 관리하던 청국 영사관(淸館)

더욱이 화상들은 부산이나 원산과 달리 산동山東에 매우 근접한 인천에서 장기적으로 거주하면서 상품을 취급하였다. 〈표 1〉에 따르면 1885년 대청 수입액이 인천 전체 무역수입액에서 차지하는 비율이 일본과 대비하여 25%에 그쳤지만 1890년에는 50%를 초과하였으며 청일전쟁 이전인 1892년에는 56%에 이르렀다. 그런데 해당 연도의 이러한 비율은 인천, 부산, 원산 항구의 대청 수입을 합산하여 평균을 산출한 19%(1885), 35%(1890), 45%(1902)와 비교하면 매우 높은 편이다. 이는 인천항에서 무역업에 종사하는 화상의

〈표 1〉 1885~1894년 인천항 대청·대일 수입 비교   단위 : 엔

연도 \ 나라	청	일본	백분비(%)	
			청	일본
1885	242,680	726,760	25	75
1886	406,856	941,550	30	70
1887	641,340	827,213	44	56
1888	636,092	1,049,489	38	62
1889	729,037	1,113,647	40	60
1890	1,312,614	1,259,218	51	49
1891	1,738,044	1,426,463	55	45
1892	1,712,272	1,318,707	56	44
1893	1,589,126	845,349	65	35
1894	1,759,619	1,942,603	48	52

출전 : 仁川府廳, 『仁川府史』, 1933

영향력이 일본인 무역 상인의 영향력을 압도하였음을 보여 준다. 그리하여 화상들은 지금의 내동과 경동 일대로까지 진출할 정도였다. 이 중 동순태는 1920년대에 일본인 대상 인들을 누르고 국세 최고 납부자로 성장하였다.

화상들의 출신지를 보면, 초창기에는 산동 상인을 비롯한 북방상인이 33%인 데 반해 광동 상인을 비롯한 남방상인이 67%를 차지하였다. 이는 동순태의 담걸생譚傑生(1853~1929)을 비롯한 광동 상인들이 상해, 홍콩을 비롯한 거점들을 기반으 로 하는 가운데 1883년에 총판상무위원總辦商務委員으로 임명

된 진수당陳樹棠(광동성 출신)의 정치경제적 지원에 힘입어 산동 출신 상인들을 압도하였기 때문이다. 그러나 1886년을 지나면서 북방상인이 40%를 차지할 정도로 성장하였다. 거리상의 근접성으로 인해 북방상인들이 점차 그 비중을 높혀 간 것으로 보인다.

화교 노동자 역시 개항장 인천에서 일어나고 있었던 외국인 도시편의시설의 건축 붐에 힘입어 입국하기 시작하였다. 이 중에는 벽돌공을 비롯하여 많은 토목건축기술자와 인부, 하역 노동자 등이 포함되었다. 아울러 이들에게 음식물을 판매하는 요리업자 그리고 요리상점 주인들에게 채소를 조달하는 채소재배자들도 이주하여 왔다. 짜장면의 탄생은 여기서 비롯되었다.

짜장면의 기원은 명확하지 않다. 다만 1905년 언저리로 추정한다. 이 시점에 산동지방의 화교 노동자들이 야식으로 볶은 춘장에 국수를 비벼 먹었는데 이것을 부두에서 일하는 조선인 노동자들이 먹기 시작하면서 알려지지 않았을까 추측할 뿐이다. 아울러 초기의 짜장면은 춘장을 많이 넣지 않았기 때문에 오늘날과 달리 까맣지 않았다. 춘장은 밀가루와 콩을 발효시켜 만들어서 갈색이었는데 요즘은 캐라멜을 첨가하여 까맣게 되었다.

3. 청일전쟁 이후 인천 화교 사회의 변화

〈그림 6〉 1910년대 이른바 청관거리 고갯길

청일전쟁에서 일본이 승리하자 청국은 정치적 지위와 함께 경제적 지위도 나락으로 떨어졌다. 우선 화교들의 위세가 약화되었으며 청국조계지도 쇠잔해 갔다. 특히 '조청상민수륙무역장정'을 비롯한 각종 조약의 효력이 상실되면서 화교의 상권 역시 약세를 면치 못하였다. 예컨대 1894년 11월 김홍집 내각이 공포한 '청상보호규칙'은 '보호'를 내세워 화교상인들을 통제함으로써 종래 청상들의 각종 특권을 박탈함을 의미하였다. 그리하여 화교 상인들이 인천 등지를 떠나 본국으로 돌아가게 되었다. 더욱이 인천·노량진 간 경인철도개통을 앞두고 인천 지역의 화상들이 서울로 이주함

으로써 인천 화교 인구가 크게 줄어들었다. 예컨대 1897년
에는 157호(1,331명)에 지나지 않았다.

하지만 영국 영사관이 청국 정부를 대신하여 조선 거류
화교들에게 통행증을 증명하는 문서를 발급함으로써 화교
들이 이후 도약할 수 있는 기회를 엿볼 수 있었다. 이어서
1899년 '한청통상조약韓清通商條約'이 체결되면서 화교들의 지
위도 안정 국면에 들어갔다. 그리하여 화교들은 예전의 상
권에까지 미치지 못하였지만 동아시아 연망과 근면 절약에
힘입어 일어서기 시작하였다. 1903년 일본인은 다음과 같
이 관찰하였다.

청국 거류지의 운영과 무역상의 성공은 그들의 입지를 바꾸어
놓았고 한때 의기소침하였던 처지를 벗어나기 시작하였다. 한편으
로는 한청조약이 체결되었다고 그 후 청국영사가 부임해 오면서 공
사도 한성에 주재하게 되었다. 이즈음에 와서는 청국인이 무역에서
차지하는 입지와 세력이 점점 커져 더 이상 무시할 수 없는 상황에
이르렀다. 현재 청국영사로는 허인지(許引之)가 부임해 있고, 순포
청에는 십수 명의 순포(巡捕)가 있다. 작년 말 이후 수명의 일본인을
순포로 채용하여 오직 청국 거류지의 치안과 질서 유지를 꾀하고
있다. 1902년 말 청국거류민은 207호에 인구가 각각 남녀 833명,
123명에 달한다. 이는 일본인과 비교하면 비교 대상이 되지 않을

정도로 적은 수이지만, 이들 소수 청국거류민이 운영하는 무역자본 규모는 일본 상인 전체자본을 몇 배나 훌쩍 뛰어 넘는다. 만약 오늘날과 같이 일본 상인 간에 공동체 의식이 없이 무역운영이 각 개인에게 맡겨져서 통일성도 없고 연락체계도 없다면 미래의 상권은, 풍부한 자본력에 상업거래에 신용도도 높고 연락 체계도 성립되어 있는 데다가 인내력이 강하고 작은 성공에 안주하지 않는 청국 상인의 수중으로 넘어가지 않는다는 보장이 없다.

이러한 추세는 화상들의 무역규모에도 반영되었다. 1894년 청일전쟁으로 잠시 수그러들었지만 이후에는 〈표 2〉와 같이 일본 상인에게 크게 뒤지지 않았다.

〈표 2〉 1885~1894년 인천항 대청·대일 수입 비교

연도\나라	청	일본	백분비(%)	
			청	일본
1895	1,668,641	3,011,131	36	64
1896	1,920,687	1,784,756	52	48
1897	3,121,055	2,742,005	53	47
1898	4,395,511	3,388,645	56	44
1899	2,853,443	3,421,295	45	55
1900	2,034,384	4,864,408	29	71
1901	3,925,863	5,259,920	43	57
1902	3,449,240	4,617,986	43	57

1903	4,504,535	5,801,126	44	56
1904	5,161,189	10,553,525	33	67
1905	6,085,952	9,349,255	39	61
1906	3,547,179	8,248,832	30	70
1907	3,770,848	11,192,264	25	75
1908	3,287,344	6,825,570	33	67
1909	2,941,541	4,444,062	40	60
1910	2,379,758	4,586,304	34	66

출전: 仁川府廳, 『仁川府史』, 1933

비록 중국 국내의 사정과 국제 경기의 변동으로 대청 수입액의 비율이 증감을 반복하지만 30~40%를 유지하고 있음을 확인할 수 있다. 이는 화상들의 경제적 기반이 녹녹치 않음을 보여준다.

또한 중국 내부의 정치적 불안과 자연재해로 인해 산동 주민들이 피난 차원에서 조선으로 이주하면서 1897년에는 화교 인구가 늘기 시작하였다. 그 결과 대상인 위주의 화교 사회가 화교 농민, 화교 노동자, 중소상인들을 포함하는 화교사회로 변하였다.

〈표 3〉 1908년 화교의 직업별·성별 인구 구성

직업	호수	남자	여자	계	직업	호수	남자	여자	계
관리	1	3	2	5	장인	3	18	2	20
公吏	1	9	1	10	석공	3	12		12
잡화상	78	390	22	412	포목상	8	38	3	41

은행원	3	13	3	16	전당포	2	11		11
회사원	4	21	5	26	이발업	2	4		4
해관원	1	4	1	5	육류점	3	9		9
요리집	8	25	1	26	신발상	3	13	2	15
여관	4	27		27	미곡상	5	28	1	29
약방	3	7		7	잡일	28	63	2	65
醬油제조	1	6	2	8	인부	3	48		48
아편흡입소	12	31	1	32	학교	1	4	2	6
양복제조	3	29	3	32	농업	92	180	3	183

출전: 인천개항 25년기념회, 『인천개항25년사』(인천광역시 역사자료관 역사문화연구실 번역), 2004

〈표 3〉에서 전체 화교 인구 1,047명 중 잡화상과 농업 종사자가 595명에 이르고 있으며 그 비율 역시 무려 56.8%를 차지하고 있다. 이러한 사실은 인천 화교 사회에서 이들의 비중이 높아지면서 저변이 확대되고 있음을 보여준다.

한편, 화교의 거주 형태가 점차 변화하기 시작하였다. 1900년대 전반기까지는 임시적인 거주 형태인 반면에 1900년대 후반에는 정주적인 거주 형태로 변화하였다. 우선 『인천부사』에 따르면 화교의 호구가 1900년에는 228호(2,274명), 이후 몇 차례 증감을 반복하다가 1905년에는 311호(2,665명)에 이르렀다. 비록 이후에도 정치적 변동으로 말미암아 증감을 반복하지만 1910년에는 524호(2,908명)에 이르렀다. 더욱이 호수와 인구수를 비교할 때 1900년에는 가호당 9.97명인데, 1910년에는 5.55명으로 감소하였다. 이처럼 가호당 인구가 감소하였다는 사실은 가족 단위로 거주하는 개별 세대가 점차 증가하였음을 의미한다. 이는 이후 1920년대 화교 인구 구성에서 여성들의 비중이 높아지고 15세 미만 연령 인구가 늘어났다는 사실에서 추론할 수 있다.

4. 동순태同順泰를 통해 본 화상들의 성장과 무역 거래

동순태는 개항 이후 서울과 인천을 거점으로 활약하던 무역상사로서 그 사장은 담결생譚傑生이었다. 그는 1853년 여타 상인과 달리 광동성 출신으로 1882년 전후 서울로 이주해 수표교 부근에서 중국산 한약을 판매하는 것으로 장사를 시작하였다. 이후 중국 상업 연망과 연계하여 조·중·일 3국을 잇는 무역업에 뛰어들어 상해, 홍콩, 천진 등지에서 영국산 면포와 잡화, 중국산 비단과 한약재를 수입 판매하고 조선산 홍삼, 곡물, 우피, 해산물 등을 수출하여 막대한 부를 축적했다. 부의 이러한 축적 방식은 여타 화상들도 마찬가지였다. 특히 청국 정부가 조선 내정을 간섭하면서 여기에 편승하여 동순태를 비롯한 화상들이 급속하게 성장하였다. 예컨대 원세개袁世凱는 조선 정부에 홍삼 수출세를 30%에서 15%로 낮추게 하였고 화상들의 밀수를 비호함으로써 화상들의 성장을 촉진하였다.

동순태의 경우, 영국산 면포 밀수와 조선산 홍삼 밀수출로 막대한 이익을 얻었다. 심지어 원세개는 조선의 대외 차관에 깊이 관여하여 이른바 '동순태 차관'를 받게 함으로써 동순태의 조선에 대한 영향력을 증대시켰다. 즉 동순태 차관은 인천과 부산 해관의 관세 수입을 담보로 은 10만량씩 두 차례에 걸쳐 도입하게 하였다. 그리하여 동순태는 인천-서울 간 하천운항권을 확보했으며 나아가 조선 정부와 합작으로 통혜공사通惠公司라는 기선회사를 설립하고, 화륜선 2척을 도입하여 한강을 이용한 화물과 여객 수송을 독점하였다. 통혜공사는 매년 10만 포에 달하는 조세미를 15년 동안 독점적으로 수송할 권리도 확보하였다.

이처럼 한강 수로가 열리면서 상해-인천-서울 간 무역로가 획기적으로 단축되었고, 조선 시장에서 화상들의 경쟁력도 급속하게 강화되었다. 심지어 동순태는 마차회사를 설립하여 서울-인천 간 육로 수송 사업에도 뛰어들었다. 당시 육로 노선에는 중국제 여객용 마차 40량과 화물용 마차 60량이 투입되었다. 물론 이에 따른 동순태의 이익을 가늠할 수 없다. 그러나 이로 말미암아 인천에서 수입하여 서울에서 물품을 판매하는 화교 상인들의 경제 활동에 자극을 주었다.

요컨대 동순태의 이러한 성장은 원세개의 정치적 지원과

함께 조선(서울, 인천)·중국(상해, 홍콩, 광주)·일본(나가사키, 코오베, 요코하마)을 잇는 광동상인 연망에 근간하였다. 이후 동순태는 이러한 기반을 확충함으로써 무역 경쟁에서 일본인 상인을 압도할 수 있었다.

한편, 동순태는 청일전쟁으로 정치적 곤경에 빠지자 본국 정부의 지원에 힘입어 영업을 운영하기보다는 스스로 동아시아 다국적 연망을 적극 활용하면서 국가와 민족의 존망보다는 상업활동의 유지 여부와 자산의 보호에 중점을 두고 이 난관을 극복하고자 하였다. 이후 청국이 신해혁명으로 무너지고 일제의 견제에도 불구하고 상업활동을 유지, 발전시킬 수 있었던 힘은 이러한 상인적 시각에서 철저하게 타산한 데서 비롯되었던 것이다. 이는 화교의 힘이기도 하다.

5. 나머지 말

이후 일제하에서도 인천 화교는 여전히 건재하였다. 특히 화교 노동자들이 대거 조선에 입국함으로써 조선 내부에서 화교의 비중이 높아졌다. 그러나 이들 화교 노동자의 유입은 조선인 노동자와의 갈등을 증폭시켰다. 왜냐하면 조선인 노동자들은 일찍부터 되놈 의식을 지니고 있는 데다가 외부로부터 급속하게 유입하는 많은 중국인 노동자를 목도하면서 그들을 자기들의 일자리를 빼앗는 외국인으로 인식하기 시작하였기 때문이다. 실제로 이러한 우려는 현실로 나타났다. 즉 화교 노동자의 유입으로 말미암아 노동시장에서 조선인 노동자들의 임금이 깎일뿐더러 이에 항의하기 위해 조선인 노동자들이 파업을 한들 일본인 자본가들은 화교 노동자들을 대거 고용하여 조선인 노동자의 노력을 무위로 돌려 버렸다. 그리하여 조선인 노동자와 화교 노동자의 충돌은 시간이 갈수록 잦아졌다.

한편, 조선인 노동자의 처지에서 재만 조선인 농민이 같은 민족의 일원이라는 동족의식에 머물지 않고 중국인에게 생존권의 위협을 받고 있는 약자라는 동질감을 공유하였다. 그리고 이러한 의식은 조선인 일반 대중들도 마찬가지였다. 물론 이러한 상황을 초래한 배경에는 일본 제국주의의 만주침략을 통해 이윤을 실현하려는 자본가의 요구가 놓여 있었다. 중국인 노동자의 유입을 겉으로는 제한하면서도 속으로는 방조하였던 일제의 정책이 그러했고 일제가 만주침략을 앞두고 만보산 사건을 조작하여 조·중 양 민족의 충돌을 극적으로 이끌어 낸 사정도 그러했다. 따라서 1931년 만보산 사건이 터지자 그 동안 조선인 일반 대중의 화교에 대한 불만이 폭발하고 말았다. 인천 등지에서 벌어진 조선인의 화교배척사건은 단적인 예이다. 이는 인천 화교 사회의 활동을 위축시켰다.

이어서 만주사변, 중일전쟁, 일제의 부일협력 강요 등 동아시아 국제정세의 급격한 변동과 분쟁으로 인해 화교 사회의 기반은 동요하였다. 중일전쟁 발발 직후인 1938년에 가수 김정구가 불렀던 '왕서방 연서'(김진문 작사, 박시춘 작곡)는 우리에게 무엇을 말하는가.

비단이 장사 왕서방 명월이한테 반해서
비단이 팔아 모은 돈 통통 털어서 다줬어
띵호와 띵호와 돈이가 없어서도 띵호와
명월이 하고 살아서 왕서방 죽어도 괜찮다
우리가 반해서 아아아 비단이 팔아도 띵호와

밥이나 먹어해도 명월이 잠이나 자서해도 명월이
명월이 생각이 다 날 때 왕서방 병들어 누웠소
띵호와 띵호와 병들어 누워도 띵호와
명월이 말만 들어도 왕서방 기분이 풀린다
우리가 반해서 아아아 비단이 팔아도 띵호와

돈만 좋아하는 비단장사 왕서방이 조선인 기생 명월이에게 반해서 비단을 팔아 번 돈을 명월이에게 다 주었다는 내용이다. 여기에는 조선에 와서 돈만 벌어가는 왕서방 즉 화교에 대한 조선인의 증오심과 경멸감이 중첩되어 나타나고 있다. 또한 조선인과 화교 사이를 이간질하려는 일제의 공작이 작용했으리라는 의심이 드는 것은 왜일까.

특히 한반도의 남북분단, 중국 내부의 국공 내전 그리고 6·25전쟁에 따른 냉전질서의 고착화는 화교 사회를 더욱 난국으로 밀어 넣었다. 그러나 화교의 근간은 여전히 건재하여 다시 도약하면서 우리에게 화교 자본으로 다가오고 있다. 이를 어떻게 볼 것인가.

더 읽어볼 책들

• 김태웅, 『뿌리깊은 한국사 샘이 깊은 이야기: 근대편』, 솔, 2002.
한국 근대사 연구와 역사 교육 현장의 간격을 좁히려고 서술한 책으로 해설과 자료가 풍부하게 수록되어 있다. 자료에 입각하여 한국근대사의 흐름과 전개 과정을 이해하는 데 좋은 개설서이다.

• 박현옥·박정동, 『한국화교(인천화교)의 경제활동 및 사회적 지위에 관한 연구』, 인천발전연구원, 2003.
한국화교(인천화교)의 이민사 고찰을 비롯하여 이들의 경제활동에 대한 사적·업종별 분석, 한국화교의 경제활동·법적 지위에 대한 검토 위에서 한국화교(인천화교)의 경제활동 활성화 및 사회적 위상 제고 방안을 모색한 책이다.

• 정성호, 『화교』, 살림, 2004.
화교의 기원, 화교의 생존 전략, 화교 네트워크, 동남아시아의 화교 . 북미와 호주의 화교, 한국의 화교, 화교의 사업전략, 새로운 패러다임 등 화교 전반에 관하여 간결하게 정리하여 서술한 대중용 문고이다.

• 이옥련, 『인천 화교 사회의 형성과 전개』, 인천문화재단, 2008.
임오군란 전후로부터 1945년 일제 패망에 이르기까지 한국 화교의 기원, 인천 화교 사회의 변화, 화교 노동자의 유입과 삶 등을 자료에 입각하여 해명한 연구서이다.

• 김보섭, 『청관: 인천 차이나 타운』, 눈빛, 2010.

작가가 1955년 인천 출생으로, 오랫동안 인천 지역을 중심으로 한 사진
기록 작업에 몰두해 왔으며, 인천 차이나타운과 민초들의 초상을 주제로
여섯 번의 개인전을 연 경험을 살려 저술한 사진집이다.

• 강진아, 『동순태호: 동아시아 화교 자본과 근대 조선』, 경북대학교
　출판부, 2011.

한말과 일제강점기에 걸쳐 대표적 화교 상인이자 거부였던 담걸생과 그
의 상점인 동순태호를 중심으로 화교 상인의 성장, 활동 그리고 쇠퇴를
서술한 책이다. 한국 화교 상인의 삶을 극적으로 보여주고 있다.

• 유중하, 『화교 문화를 보는 눈, 짜장면』, 한겨레, 2012.

한국 화교의 아이콘이라 할 짜장면을 통해 한국 화교의 삶을 대중적으로
서술한 책이다. 짜장면의 문화사적 의미를 제대로 확인할 수 있다.

• 李正熙, 『朝鮮華僑と近代東アジア』, 京都大學學術出版會, 2012.

오랫동안 한국화교 연구에 몰두한 저자가 그의 성과를 한 권의 단행본으
로 묶은 화교 연구의 결정판이다. 특히 기존 화교 연구와 달리 지역 단위
나 특정 상점, 주제를 넘어 한국 화교 전체를 분석하고 있다.

• 인하대학교 한국학연구소 편, 『동아시아 개항도시의 형성과 네트워
　크』, 글로벌콘텐츠, 2012.

한·중·일 학자들이 '동아시아 상생과 소통의 한국학'이라는 어젠다 아래
동아시아 개항도시의 형성과정을 비교하고 소통의 네트워크를 연구한
책이다.

일제강점기
일본식 지명의 생산과
장소의 정치

전종한

한국교원대학교 제2대학 지리교육과를 졸업한 뒤, 같은 학교 대학원에서 석사와 박사학위를 받았다. 현재 경인교육대학교 사회과교육과 교수 및 기전문화연구소 소장으로 있다. 『종족 집단의 경관과 장소』, 『인문지리학의 시선』 등의 저서와, 「근대이행기 경기만의 포구 네트워크와 지역화과정」, 「도시 뒷골목의 장소 기억: 종로 피맛골의 사례」, 「내포 지역 읍성 원형과 읍치 경관의 근대적 변형: 읍성 취락의 사회공간적 재편과 근대화」 등 지역 연구와 역사지리학에 관한 다수의 논문이 있나.

일제강점기 일본식 지명의 생산과 장소의 정치

: 원인천原仁川 지역의 사례

1. 머리말

장소의 정치(the politics of place)란 다양한 사회적 주체들이 장소의 창출創出과 전유專有를 둘러싸고 벌이는 정치를 뜻하는 것으로, 장소의 정치를 주제로 한 연구는 어떤 사회적 주체에게 남다른 의미를 갖는 장소가 어떻게 탄생하고 전유되며 변동하고 소멸하는지에 관심 갖는다. 장소의 정치에 관한 연구는 사회 이론을 적용하여 지리적 현상을 재현해내기보다는 지적 조작이 없이 지식을 생산하자는 입장을 견지하며,[1] 이런 맥락에서 삶의 공간, 실천의 공간, 거주 공

---

[1] 사회 이론을 통한 재현 작업에 도전하고 지적 조작이 없는 지식을 추구하는 Thrift(1997)의 소위 비재현론(non-representational theory)과, 객관적/주관적,

간으로서의 장소 개념에 토대를 둔다(Cresswell 2004, 38). 요컨대 장소의 정치에 대한 탐구에서는 실제 삶의 세계(the lived world)에 초점을 맞추면서, 그 속에서 생생하게 벌어지는, 장소의 창출과 전유를 둘러싼 제반 '실천들(practices)'을 관찰하고 천착하는 것이 중요하다.

모든 사회적 주체는 공간에 의미를 부여하여 그곳을 자신의 장소로 만드는 성향이 있는데, 그러한 전략 중 가장 대표적인 두 가지가 경관을 조성하는 것과 지명을 명명하는 일이다. 특히 지명의 명명을 통한 장소화 전략은 제국주의 하에서 식민지를 경험한 나라들에게서 여실히 나타난다. 일찍이 북아메리카를 식민지로 개척한 유럽 백인들은 그곳을 제국의 장소(a place of empire)로 만들기 위해 자국의 국왕 이름과 자국의 여러 지방 이름들을 곳곳에 부여하였다. 식민지 시기 싱가폴(Singapore)의 경우에도 영국 관료들은 자신들이 꿈꾸었던 이상적인 식민 도시의 모습 및 기능을 염두에 두고 그것들을 반영하는 선에서 거리 이름을 명명했다는 보고가 있다(Yeoh 1992, 313).

하지만 새로운 지명의 부여 과정이 늘 순조롭게 진행되

물질적/정신적, 실제적/상상적 등의 이분법적 공간 개념을 넘어서려는 Soja의 삶의 공간(the lived space) 혹은 제3공간(the thirdspace) 개념은 장소의 정치학의 이론적 토대를 이룬다(Cresswell 2004, 38).

는 것은 아니었다. 사회적 주체마다 자신들에게 고유한 의미로 다가오는 특정한 지명을 명명함으로써 그곳에 자신들의 정체성을 담아내길 원하고, 이 과정에서 지명 명명을 둘러싼 갈등과 충돌, 이른바 문화 전쟁(culture wars)2)을 종종 수반하기 때문이다. 이처럼 지명의 명명 과정은 특정한 사회적 주체가 지향하는 이데올로기나 장소에 대한 이상향을 품기도 하며, 사회적 주체들 간의 권력 관계와 경합 속에서 전개되는 경향이 있다. 따라서 그 과정은 시대에 따라 역동적일 뿐만 아니라, 맥락 반영적이고 동시에 맥락 창출적이며, 각 주체들에 의한 장소의 정치가 깊이 개입한다.

국내에서 장소의 정치를 논의한 연구는 매우 제한적이며,3) 더구나 특정한 유형의 지명이 생산, 확산, 소멸되는 과정을 추적하며 장소의 정치에 접근한 연구는 없었던 것으로 보인다. 특히 일제 강점기는 한반도 각지에서 일본식 지명4)의 생산과 장소의 정치가 전략적이고도 극적으로 전개

---

2) Mitchell D., 2008, New axioms for reading the landscape: paying attention to political economy and social justice, In Wescoat, J.L. and Johnston, D.(ed.), *Political Econimies of Landscape Change*, Dordrecht: Springer, 5; 김순배·류제헌, 2008, 「한국 지명의 문화정치적 연구를 위한 이론의 구성」, 『대한지리학회지』 43(4), 601쪽.

3) 사회 운동과 공간의 관계를 장소의 정치라는 관점에서 고찰한 박영민(1995)의 연구와, 도시 뒷골목의 재개발을 둘러싸고 벌어지는 기억의 정치와 장소의 정치에 대해 논의한 전종한(2009)의 연구가 있다.

4) 여기서 일본식 지명이란 그 내용과 의미에 있어서 일본에서 유래했거나 일본인이 선호하는 사상, 관념, 인물, 사물을 담고 있는 지명을 말한다. 또한 형태적인

되었음에도 불구하고 이 시기를 주목한 지리학계의 관련 연구는 소수에 지나지 않는다. 한반도에서 일제 강점기를 전후로 한 근대 이행기는 정치, 사회, 경제적 측면에서뿐만 아니라 지리적 측면에서도 전통적 아이덴티티의 변동과 함께 경관과 공간 구조의 근대적 이행이 역동적으로 진행된 시기로서(전종한 2011, 93), 한국지리의 연구와 교육에서는 모종의 결층缺層으로 인식될 만큼 중요한 시기라는 점에서 본 연구의 의미가 더해질 것으로 본다.

일제 강점기는 일제라는 새로운 행정 권력이 등장하고 이를 배경으로 일본인 거주지가 구축·조성되면서 일본식 지명이 크게 확산된 때이다. 일제는 다각적인 방식으로 국토 공간을 장악해 나갔고 국가적, 지역적, 국지적 스케일에 이르는 다양한 공간 스케일에서 장소의 정치를 주도하였다. 예를 들어 전통적 간선 도로와 근대적 교통로의 대치對置를 통한 지역 권력의 재편이나(전종한 2003, 337), '열악한 조선인 거주지'와 '근대적인 일본인 거주지'로 구별된 이원적 도시 구조의 창출 및 이와 관련된 담론의 유포 등에서도 그 점을 잘 확인할 수 있다. 특히 본 연구에서 분석하려는 국지적 스케일의 행정 지명들은 새로운 권력 주체가 추구한 장

면에서는 행정 단위인 '정(町)'을 포함한 지명도 일본식 지명으로 간주하기로 한다.

소 정체성을 비롯해 전통 지명의 형태나 의미상의 단절 여부, 시기별 일본식 지명의 확산과 성쇠 과정을 잘 보여줄 것으로 기대되었다.

사례 지역으로 선택한 곳은 일제 강점기 인천부의 관할 구역으로서 흔히 '원인천'으로 호칭되는 지역이다. 일제 강점기 동안 인천부는 여러 차례 부역府域 조정을 겪었는데, 대략 그 범위는 오늘날의 중구, 동구, 남구를 중심으로 하였으며 일제 말기에는 연수구와 남동구까지 확대되었다. 따라서 본 연구의 연구 범위 역시 인천광역시 중구, 동구, 남구를 중심으로 하되 필요에 따라 연수구와 남동구까지 확대하여 융통성 있게 운영하고자 한다.

인천부는 1883년 1월 1일 제물포의 개항과 함께 본격적으로 성장한 도시로서,5) 그 이후 한반도에서 일본인의 유입과 거주지 확대가 가장 활발하게 이루어진 곳이다. 뿐만 아니라 1883년 9월 30일에는 일본 조계가 설정되었고,6) 이

---

5) 조선 정부는 개항장의 관리와 감독을 위해 제물포에 인천 감리서(현 중구 내동 83번지)를 설치하고 그 업무를 인천부사가 겸임하도록 했다.

6) 1883년 설정된 일본 조계는 현 인천광역시 중구 관동과 중앙동 일대를 중심으로 약 7,000평의 면적을 점유하였다. 이에 이어 1884년 4월 2일에는 청국 조계가 현 중구 선린동 일대의 언덕 5,000여 평에 걸쳐 계획되었고, 각국 공동 조계는 1884년 10월 3일 조선 정부가 영국, 미국, 프랑스, 독일, 러시아, 청, 일본과 「仁川濟物浦各國租界章程」을 체결함으로써 설정되었고, 면적은 일본 조계 서북쪽 해안으로부터 응봉산을 돌아 일본 조계 동쪽까지 약 140,000평 규모에 달했다[인천광역시 역사자료관 역사문화연구실, 2004, 역주 인천개항25년사(信夫淳平・加瀬和三郎, 1908, 『仁川開港25年史』), 41].

때부터 일본인 거주지가 배타적으로 조성되고 일본식 지명이 확산되기 시작하였다. 이 같은 일본식 지명의 확산 과정에서 1884년의 청일전쟁과 1904년의 러일전쟁에서 일제의 승리는 하나의 기폭제로 작용했을 것이다. 인천부 관할 구역은 일본인 거주지의 확대에 따른 일본식 지명의 확산 과정을 구체적으로 논의하기에 유용할 뿐만 아니라 일제에 의한 장소의 정치의 일면에 접근할 수 있다는 점에서 유의미한 사례일 것으로 생각된다. 이러한 문제의식에서 본 연구는 시간적으로는 일제 강점기, 공간적으로는 개항장 도시였던 인천부를 대상으로 일본식 지명의 생산과 장소의 정치에 관해 탐구하는 것을 목적으로 한다.

2. 개항 후 일본인 유입과 일본식 지명의 확산

원인천 지역에 일본인이 본격적으로 유입한 것은 1883년 1월 1일 이곳에 개항장이 설치되면서부터이다. 개항장이었던 제물포[7] 지역은 조선 후기까지 서해안 연안의 수로와

---

7) 1910년대 기록에 의하면 濟物浦는 沙島(일명 오푼도. 인천 축항 공사 때 사라짐)와 월미도를 거쳐 갱이부리(일명 猫島)에 이르는 구간을 일컬었다. 참고로 제물포의 동남쪽에는 新浦(분도와 납도 사이 구간)가 인접해 있었고, 동북쪽에는 十井浦(제물포 북방에서 동쪽으로 주안면에 이르는 해만 연안)가 위치하였다(인천

해안 방비를 위해 수군 만호水軍 萬戶가 머물고 제물량영濟物梁 營이 설치되었던 곳이었다. 하지만 1656년(효종 7) 제물량영 이 국가적인 강화도 방비책의 일환으로 강화도 심영沁營으 로 옮겨간 후, 이곳은 제물량영의 일부 유적만 남아 있던 폐허지가 되었고 인천부 중심지8)와도 다소 떨어져 있던 외 곽 지역이었다. 개항기 일본인이 저술한 1892년의 『인천사 정仁川事情』과 1898년의 『신찬인천사정新撰仁川事情』에는 개항 당시의 제물포에 대해 다음과 같이 기록하고 있다.

당시의 인천항은 겨우 인가 수십 호에 불과한 보잘 것 없는 어촌 으로 개항장의 면모는 조금도 갖추어지지 않았다. 그러나 머지않아 2,200여 명으로 늘어 번영하는 도시의 모습을 이곳에서 보게 될 줄 을 누가 알았겠는가! 만약 10여 년 전에 이곳에 살았던 조선인을 다시 이곳에 데려와 보게 하면 매우 놀라워 할 것이다(靑山好惠, 1892, 『仁川事情』).9) (방점은 필자가 표시. 이하 같음)

광역시 역사자료관, 2008, 『역주 최신의 인천』(平井斌夫, 1912, 『最新の仁川』, 滿鮮實業社), 17쪽.

8) 조선 시대 인천부의 행정 중심지는 오늘날의 인천광역시 남구 문학동, 관교동 일대에 있었다. 현재 인천광역시 남구 문학동 262번지에 인천도호부청사 유적이 남아 있다.

9) 인천광역시 역사자료관, 2008, 『역주 인천사정』(靑山好惠, 1892, 『仁川事情』, 朝鮮新聞社), 14~15쪽.

개항 당시 인천은 그저 한적한 외딴 마을로서 어가(漁家) 몇 채가 점점이 흩어져 있고, 왕골과 쑥이며 칡덩굴이 무성하여 오늘날의 개항장을 예상케 하는 것은 전혀 없었다. … (중략) … 생각건대 인천 발달의 동기가 되고 그 팽창 개발을 맡은 것은 대부분 우리 일본인이고, 저 백인종 같은 자들은 인천 발달사에서 전혀 특필할 가치도 없다(所川雄三, 1898, 『新撰仁川事情』).[10]

25년 전의 인천을 돌아보면, … (중략) … 육지에는 갈대가 어지러운 가운데 구불구불한 모양으로 3~4채의 인가만이 자리 잡고 있을 뿐이었다. 그러나 용감한 일본 국민이 이 쓸쓸한 마을을 없애고, 잡초를 베어내어 도로를 만들고, 주택을 지어 삼삼오오가 모여들어 드디어 오늘날과 같은 큰 발전을 보게 되었다. 이후 일본 국민들의 이주자도 많아져 점차 시가지 형태도 갖추게 되고, 한인(韓人) 거주자도 늘어났으며, 청국 사람 및 유럽 사람도 오게 되었다. … (중략) … 인천항의 발전은 무엇보다 진취적 기상이 드높은 동포(일본인)들이 노력 분투한 결과이다. 면밀히 힘쓰며 스스로 경영에 근거하여 근 20여 년 간을 나오지 않고, 이 한촌(寒村)을 개발하여 동양 유수의 큰 시장을 만들었다(信夫淳平·加瀬和三郎, 1908, 『仁川開港25年史』).[11]

---

10) 인천대학교 인천학연구원, 2007, 『신찬 인천사정』(所川雄三, 1898, 『新撰仁川事情』, 朝鮮新聞社), 12쪽.

이들 기록에 의하면, 개항 당시 수 채 혹은 기껏해야 수십 호에 불과했던 제물포가 10년 만에 2,200여 명의 인구를 가진 소도시로 성장했고, 그 주인공은 한반도의 조선인도 서양 제국의 백인도 아닌 바로 일본인이라는 입장을 담아내고 있다. 이들 자료에서 재미있는 점은 개항 당시의 제물포 인구에 대한 부분이 각 자료의 발간 시점에 따라 '수십 호'에서 시작하여 '몇 채'를 거쳐 나중에는 '3~4채'로 점차 축소되어 기록되고 있다는 점이다. 그만큼 위에 제시한 일련의 세 자료는 개항 당시 제물포가 '매우 한미寒微했음'을 강조함으로써 인천의 급성장 사실과 그러한 발전을 선도했던 주축 세력이 일본인이었음을 상대적으로 부각시키려는 의도가 앞섰던 것 같다. 아무튼 실제로 개항 당시 기껏 수 십 호에 지나지 않았던 인천 인구는 1883년 5월에는 약 100명에 도달했으며,[12] 1892년에는 2,200여 명으로 급증하였고, 1897년에 이르면 일본인 인구만 하더라도 약 4천 명에 달했다(〈표 1〉).

---

11) 인천광역시 역사자료관 역사문화연구실, 2008, 『역주 인천개항25년사』(信夫淳平·加瀨和三郎, 1908, 『仁川開港25年史』), 45~46쪽.
12) 인천광역시 역사자료관 역사문화연구실, 위의 책, 95쪽.

〈표 1〉 원인천(인천부) 지역의 일본인 인구(1897년 12월 31일 현재)

거주지 유형		호 수 (호)	총호수에 대한 비율(%)	인 구 (명)	총인구에 대한 비율(%)
일본 조계		198	25.0	1,139	28.8
일본 조계 외	각국 조계	397	50.1	2,059	52.1
	청국 조계	56	7.1	230	5.8
	조선 지계	141	17.8	521	13.2
	합 계	594	75.0	2,810	71.1
총 계		792	–	3,949	–

* 자료: 所川雄三, 1898.

〈표 1〉에서 볼 수 있듯이, 이미 한일 강제 병합 이전부터 원인천 지역으로의 일본인 유입은 대단위로 이루어졌고, 일본 조계가 포화 상태에 이르렀으며, 전체 일본인 거주자 3,949명 중 2,810명이 일본 조계 이외의 지역에서 살고 있었음을 알 수 있다. 그러면서도 당시 일본인들은 「인천항일본거류지조약仁川港日本居留地條約」 제1조에 '모든 외국인 거류지에는 장소를 불문하고 일본인이 마음대로 거주할 수 있다'는 규정을 들어 일본 조계를 벗어나 타국의 조계에 거주하는 것이 합법적임을 주장하였다.[13] 심지어 조계지 밖의 조선

---

13) 인천대학교 인천학연구원, 『신찬 인천사정』, 18쪽.

인 거주지에까지 들어가 살게 된 것과 관련해서는,「한영통상조약韓英通商條約」제4조 제4항의 '영국인은 각국 거류지 이외에서 토지 및 가옥을 임차하여 구매할 수 있으며 그 지역으로부터 10리里(약 4㎞) 이내로 한다'는 규정을 거론하며 일본인도 영국인과 동일한 혜택을 받을 권리가 있다고 강변하였다.

개항 당시만 하여도 일본인들은 아직 일본 조계가 개발되지 않아 일정 기간을 청국 조계에서 세 들어 거주하였다.[14] 그리고 1884년에는 각국 조계가 공개 매각되면서 다수의 일본인들이 그 지역에 들어가 살기 시작했다.[15] 한편청국 조계는 일본 조계와 함께 특정 거류지로 분류되어 타국인의 거주를 허락하지 않았던 배타적 조계였을 뿐만 아니라 제물포의 요지를 차지하고 있던 인천의 상업 중심지였다.[16] 그러나 1895년 청일전쟁에서 일본이 승리하면서청국과 조선 사이의 모든 조약이 파기당한 데에다 전쟁 중청국인의 과반수가 본국으로 귀국한 상태였기 때문에 청국조계에 대한 일본인의 거주지 점유와 상권 장악은 갑작스럽고도 신속하게 이루어졌다. 게다가 1905년 러일전쟁에서

---

14) 인천광역시 역사자료관 역사문화연구실,『역주 인천개항25년사』, 95쪽.
15) 인천광역시 역사자료관 역사문화연구실,『역주 인천과 인천항』(港灣協會仁川協贊會, 1925, 仁川), 41쪽.
16) 인천대학교 인천학연구원,『신찬 인천사정』, 17쪽.

일본이 승리함에 따라 인천으로의 일본인 유입은 1910년의 강제 병합 이전에 이미 상당 수준까지 진행될 수 있었다(〈그림 1〉).

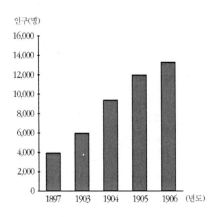

〈그림 1〉 개항기 인천의 일본인 인구 변화
* 자료: 萩森茂, 1929, 『續編 仁川港』.

일본인의 유입과 함께 조성된 일본인 거주지에는 자연히 일본식 지명이 자리 잡기 시작했다. 1890년대 일본 조계에는 야마테[산수山手], 혼마치[본정本町], 카미초[상정上町], 나카마치 [중정仲町], 가이간[해안海岸] 등 다섯 개 거리가 일본식 지명으로 명명되어 있었다.17) 이 때가 한일 강제 병합 이전이었지

---

17) 인천대학교 인천학연구원, 위의 책, 16쪽.

만, 원인천 지역에는 일본식 지명이 생산되고 있었던 것이다. 이것이 가능했던 것은 '각국 영사는 자국의 조계지 안에서 입법, 행정, 사법의 삼권을 행사할 수 있다'는 내용의 조계 설정에 관한 조약 때문이었다. 일본 조계는 소위 거류민에 의한 자치自治로 통치되었는데, 입법 기관으로 거류민회居留民會[18]가 있었고, 행정 기관으로는 거류민 사무소居留民 事務所를 두고 있었다. 거류민장居留民長은 조계지 행정의 수장으로서 모든 공공 사무를 담당했는데, 다만 이것을 감독하고 승인하거나 거부하는 권한은 영사에게 주어졌다. 따라서 조계 내에서의 일본식 지명 역시 거류민회에 의해 자유롭게 명명될 수 있었고, 전국적인 행정 구역 개편과 같은 적절한 때를 기다려 공식 지명으로 인정될 수 있었을 것이다.

1907년 5월 13일 인천 일본 영사관 소속 '노부오' 이사관이 본국 총무장관에게 보낸 보고서에는 '인천 시가市街의 명칭은 종전대로 통칭 혹은 땅 문서상의 호명으로는 … (중략) … 불편이 적지 않아 이번에 인천 시가 전부를 우리[일본인] 마을 이름을 붙이게 되었다. … (중략) … 우리 마을 이름을 명명하는 것은 다소 온당치 않은 점이 있지만 세월이 경과

---

18) 일본 조계의 거류민회는 거류민이 선출한 14명의 의원으로 구성되었으며, 거류민을 대표하여 공공에 관한 모든 사안을 의결하고, 회의는 매년 3월에 정기적으로 소집하되 공개되었으며, 의원 임기는 2년이었다(인천대학교 인천학연구원, 『신찬 인천사정』, 87~88쪽).

함에 따라 일반의 호칭이 되기를 희망한다'는 내용이 있다
(조우성, 2009a). 이는 일본식 지명의 부여 과정이 의도적이고
계획적이었음을 보여준다. 1908년 자료에는 그와 유사한
맥락에서, '한인韓人 거주지에는 탁포坼浦, 화개동花開洞, 답동畓
洞, 용동龍洞, 화동花洞 등의 지명이 남아 있지만 이미 과거에
속하고, 지금은 대부분 한인은 없어지고 불쌍한 초가집 잔
해만 남아 있는 데 불과하다. 일본인들은 조계지를 벗어나
인천 동서東西에 걸쳐 있는 작은 언덕을 넘어서 화동花洞 방면
으로 이주함으로써 마을 이름도 모두 일본의 명칭을 붙여
순수한 일본인 소유지로 만들었다'는 기록이 있다.[19] 이어
서 이 자료에는 일본인들에 의해 당시 일본 조계를 넘어 조
선인 취락 지역에서 통용하던 14개의 일본식 지명들이 열
거되고 있다(〈표 2〉 참조).

〈표 2〉 원인천(인천부) 지역의 시기별 일본식 지명 현황

시기	일본식 지명	비고
1898년	山手町(현 송학동), 本町(현 중앙동), 上町, 仲町(현 관동), 海岸(현 해안동)	총 5개 지명 (일본 조계 내에 위치)
1908년	萬石町(현 만석동), 松坂町(현 송월동), 山根町(현 전동), 花房町(현 북성동), 龍岡町(현 인현동), 京町(현	총 14개 지명 (일본 조계를 벗

---

19) 인천광역시 역사자료관 역사문화연구실, 2004, 역주 인천개항25년사(信夫淳
平·加瀬和三郎, 1908, 仁川開港25年史), 80쪽.

	경동), 新町(현 신포동), 寺町(현 답동), 宮町(현 신생동), 濱町(현 사동), 柳町(현 유동), 花町(현 신흥동), 敷島町(현 선화동), 桃山町(현 도원동)	어나 조선인 취락 지역으로 확산된 일본식 지명)
1928년	仲町(현 관동), 本町(현 중앙동), 海岸町(현 해안동), 港町(현 항동), 支那町(현 선린동), 萬石町(현 만석동), 松坂町(현 송월동), 山根町(현 전동), 花房町(현 북성동), 龍岡町(현 인현동), 新町(현 신포동), 寺町(현 답동), 宮町(현 신생동), 濱町(현 사동), 柳町(현 유동), 花町(현 신흥동), 敷島町(현 선화동), 桃山町(현 도원동)	총 18개 지명 (1908년의 14개 지명 + 仲町 등 5개 지명 - 京町)

* 주) 1898년 = 所川雄三, 1898, 新撰仁川事情, 朝鮮新聞社
　　　1908년 = 信夫淳平··加瀨和三郎, 1908, 仁川開港25年史.
　　　1828년 = 朝鮮總督府 發行, 1928, 仁川府內圖.

　한편 1908년의 자료에 나타난 지명들은 1928년 조선총독부가 발행한 「인천부내도仁川府內圖」에서도 거의 그대로 재현되고 있었다. 이것은 한일 강제 병합 이전에 공식적, 비공식적으로 통용되었던 일본식 지명들이 온전한 공식 지명으로 채택되었음을 뜻하는 것이다. 이 지도에서는 1908년의 자료에 비해 경정京町이라는 1개 지명이 보이지 않는데, 아마도 그 사이의 행정 구역 통폐합에 따른 것으로 이해된다. 그 대신 본정本町, 중정仲町, 항정港町, 지나정支那町 등 새로운 일본식 지명들이 추가로 기입되어 총 18개의 일본식 지명이 확인되고 있다. 이에, 본 연구의 본론 이하에서는 1898년 일본 조계에서 사용되던 5개의 일본식 지명과, 1908년에 통용되던 14개의 일본식 지명, 그리고 1928년 인천 부내도에 기입된 18개의 일본식 지명을 주요 사례로 거론하며 논의를 진행하기로 한다(앞의 〈표 2〉와 아래 〈그림 2〉 참조).

〈그림 2〉 1920년대 인천부 관내의 주요 취락과 지명
* 주) 이 지도에는 本町, 仲町, 宮町 등 18개의 일본식 지명과, 內里, 外里, 栗木里
등 8개의 전통 지명이 함께 기입되어 있는 것이 특징이다
자료: 朝鮮總督府, 1928, 「仁川府內圖」

이상에서 살펴본 개항기~일제 강점기의 일본식 지명들
은 이름소에 단순히 일본식 행정 단위인 '정町'만을 형태소
로 취해 합성한 것이 아니라 형태와 의미의 면에서 모두 일
본적인 색깔을 보이는 것이 특징이었다. 이를 좀 더 자세히
설명하면, 첫째, 형태의 면에서 볼 때 일본식 지명은 일본

고유의 시정촌市町村 행정 체계를 본 따서 '마치[정町]'(혹은 '초'라 발음)를 기본 단위로 삼았다. 둘째, 그 의미의 면에서 볼 때 일본식 지명은 일본식 문화나 제국주의 이데올로기, 일본의 역사적 인물이나 사상事象을 담아내도록 하는 선에서 다양한 상징적인 표현들을 지명의 이름소로 활용하였다. 셋째, 조선인 거주지의 지명에 대해서는 전통 지명의 식민지적 해체를 통한 재구성에 의해 재래의 고유한 의미를 퇴색케 하였다. 이러한 특징을 바탕으로, 아래에서는 일본식 지명의 생산 방식을 네 가지로 나누어 유형화함으로써 그 속에 내포된 장소의 정치를 들여다보기로 한다. 연구자는 일본식 지명 생산 방식에서 보이는 이들 네 가지 유형을 각각 '일본식 지명 부여 시스템의 적용', '제국주의적 기념비의 각인', '일본풍 유흥 문화의 이식', '전통 지명의 식민지적 해체를 통한 재구성'으로 각각 이름 붙여 보았다.

3. 일본식 지명의 생산 방식과 그 속에 내포된 장소의 정치

1) 일본식 지명 부여 시스템의 적용

개항기~일제 강점기 전반 동안, 일본 조계를 포함해 일본인들이 거주지를 조성하고 일본식 지명을 부여한 곳은 대부분 신개척지인 경우가 많았다. 다음 기록에서 당시의 상황을 구체적으로 짐작할 수 있다.

개항과 함께 일본 거류지에는 밤낮으로 공사를 서둘러 영사관과 본정(本町) 쪽에 가건물로 지어진 영사관이 있는 것 외에, 눈에 띄는 것은 망망한 평지뿐인 땅이었다. 또 각국 거류지 등도 이와 같이 태고적의 상황을 보는 것 같았다. 이후 거류지민의 발전에 따라 제일 먼저 열린 조선인 마을도 무성한 초목이 어지럽게 널려 있었고, 공원 길가 혹은 유곽과 같아 무엇 하나 볼 만한 게 없는 황야였다(信夫淳平·加瀬和三郎, 1908, 『仁川開港25年史』).[20]

일본 조계가 거주지로 정비되고 일본인들로 충전된 후에도 일본인들의 거주지는 신개척지를 위주로 확대되었다. '일본 조계가 매우 협소한 감이 있어 궁정宮町(현 신생동) 해군묘지 조성, 만석정萬石町(현 만석동) 간석지 매립, 용강정龍岡町(현 인현동)과 화정花町(현 신흥동) 뒤쪽의 개척, 세관 앞(현 해안동, 항동 일대)의 간석지 매립 등을 통해 시가지 구역이 러일

---

20) 인천광역시 역사자료관 역사문화연구실, 위의 책, 96쪽.

전쟁 이전과 비교하면 거의 몇 배로 확장되었다'21)는 기록에서 그 점을 확인할 수 있다. 따라서 개항기~일제 강점기 전반까지 부여된 일본식 지명들은 기존 지명과의 경합이나 충돌 없이 일사분란하게 생산될 수 있었던 것으로 보인다.

그러면 일본 조계를 비롯한 일본인 거주지에 자유롭게 부여된 일본식 지명들은 어떤 원칙 하에서 부여되었을까? 다시 말해 개항기~일제 강점기 전반 동안 일본인의 지명 명명 과정에 작용한 원칙이 있었다면 그것은 어떤 것이었을까? 결론부터 말하면 그것은 '일본식' 지명 부여 시스템 (Japanese place naming system)이었을 것이다. 명칭(names)과 명명법(nomenclatures)은 어느 문화 체계에서나 그 핵심에서 작동하는 영역이라는 점을 인정할 때(Rose-Redwood, et al. 2010, 458), 우리는 한반도의 신개척지에 대한 일본인의 지명 명명 과정에서 '일본식 지명 부여 시스템'이 동원되었다고 생각할 수 있다. 그러면 일본식 지명 부여 시스템의 실체는 구체적으로 무엇일까? 필자는 원인천 지역의 일본 조계 내에 명명되었던 '본정本町'이란 지명에서 그 단서를 찾아볼 수 있다고 판단한다.

원인천 지역에서 본정本町은 상업적 번화가로서 문자 그

---

21) 인천광역시 역사자료관 역사문화연구실, 위의 책, 69~70쪽.

대로 지역의 중심지를 의미하는 지명이었다. 그런데 일제 강점기 일본식 지명이 부여된 한반도의 주요 도시들에서도 본정本町이라는 지명이 거의 빠짐없이 등장한다. 〈표 3〉에서 보이듯 본정本町이란 지명은 각 도시의 중심지를 차지하며 어김없이 등장한다. 그리고 광복이후 오늘날까지 우리의 귀에 익숙한 '본정통'이라는 비공식적인 지명으로 존속하고 있는 것을 보면 당시의 그 존재감은 아주 강력했을 것이다. 하나의 도시 공간 내에서 본정本町이 차지하는 이 같은 기하학적 절대 중심은 일본의 천황주의 내지 일본日本의 '본本'을 연상케 하기도 하고, 세계 2차 대전 당시 일본 군국주의의 상징처럼 쓰였던 욱일승천기旭日昇天旗의 중앙부 태양을 떠올리게도 만든다. 본정本町 다음으로 높은 빈도를 보이는 일본식 지명이 바로 욱정旭'町이라는 사실은 우연이 아닐 것이다. 이 외에 대화정大和町의 대화大和는 일본의 별칭이고, 대정정大正町과 명치정明治町은 모두 일본의 연호에서 유래한 지명들이다.22) 다른 일본식 지명인 중정仲町이나 원정元町 역시 의미상 본정本町과 상통하는 것으로 이해할 수 있다.

---

22) 明治(메이지)는 1852~1912년, 大正(다이쇼)은 1912년~1926년을 각각 지칭하는 일본 연호이다.

〈표 3〉 일제 강점기 한반도 주요 도시의 일본식 지명 현황(1914년 기준)

구 분	강릉	개성	경성	공주	광주	군산	나주	대구	마산	목포	부산	원산	인천	의주	순천	전주	청주	평양	계
本 町	●	●				●	●	●		●	●		●	●	●	●	●	●	17
旭 町	●		●					●	●	●	●	●						●	11
錦 町			●	●	●	●		●		●		●							9
榮 町								●	●	●						●	●	●	7
仲 町							●	●	●	●	●								6
幸 町						●		●	●	●	●							●	6
元 町		●	●					●	●										4
大和町	●	●				●	●	●	●					●				●	9
大正町					●	●		●		●									4
明治町			●	●				●		●									4
계	5	3	6	4	2	7	3	8	7	8	8	4	2	4	2	3	2	4	77

* 자료: 『新舊對照 朝鮮全道府郡面里洞名稱一覽』(越智唯七, 1917)을 토대로 필자가 분석.

〈표 4〉 일본 내 '본정(本町)' 지명의 분포 빈도와 '발음' 유형

발음	'혼초' (ほんちょう)		'혼마치' (ほんまち)			'모토마치' (もともち)
지역별 분포 빈도	北海道 42 青森県 5 岩手県 2 宮城県 2 山形県 5 茨城県 4 栃木県 7 群馬県 3 埼玉県 18 千葉県 6 東京都 10 神奈川県 7 新潟県 12	山梨県 1 長野県 1 静岡県 3 滋賀県 1	北海道 5 青森県 1 山形県 2 福島県 1 群馬県 2 東京都 3 新潟県 1 富山県 8 石川県 4 福井県 1 長野県 3 岐阜県 6 静岡県 5	愛知県 11 三重県 8 滋賀県 2 京都府 4 大阪府 14 兵庫県 6 奈良県 7 和歌山県 2 鳥取県 2 島根県 1 岡山県 5 広島県 8 山口県 3	徳島県 1 香川県 3 愛媛県 4 高知県 4 福岡県 7 佐賀県 1 長崎県 3 熊本県 1 大分県 1 宮崎県 5 鹿児島県 4	北海道 8 岩手県 1 宮城県 4 秋田県 1 山形県 1 福島県 12 群馬県 1 埼玉県 2 千葉県 1 新潟県 1 福岡県 3
합계	129		156			35

* 주) '本町'은 일본의 기초 단체 지명 중 사용 빈도가 가장 높은 지명이다. 하지
만 그 발음은 지역별로 차이가 있는데, 음독에 의한 '혼초'(ほんちょう)라

는 발음은 북해도와 같은 신개척지에서 압도적으로 많이 분포하는 것이 특징이고, 음독과 훈독을 혼용한 '혼마치'(ほんまち)는 가장 높은 빈도를 보이면서 일본 전역에 고르게 분포하는 편이며, 훈독에 의한 '모토마치'(もとまち)는 빈도가 가장 낮다.

한편, 본정本町은 '혼초', '혼마치', '모토마치'로 발음되며 일본 자국 내에서도 가장 많은 빈도로 등장하는 지명이다. 일본에서도 본정本町은 일본의 취락 단위인 각 시정촌市町村의 중심지라는 의미로 사용된다(〈표 4〉, 〈그림 3〉).23) 본정本町에 대한 발음은 일본 내에서도 지역별로 차이가 있는데, 음독에 의한 '혼초'(ほんちょう)라는 발음은 북해도와 같은 신개척지에서 절대 다수로 분포하는 것이 특징이고, 음독과 훈독을 혼용한 '혼마치'(ほんまち)는 가장 높은 빈도를 보이면서 일본 전역에 고르게 분포하는 편이며, 훈독에 의한 '모토마치'(もとまち)는 빈도가 가장 낮다.

요컨대 본정本町은 일본식 지명 부여 시스템의 요체를 이루는데, 그 의미는 일본인의 절대 중심에 대한 지향성과 그것의 가시화에 있다고 볼 수 있는 것으로 이는 일본인의 국가관이나 민족의식, 일본의 사회와 문화 체계와도 깊이 연루되어 있다고 추정할 수 있다. 중심 지향성은 어느 시대, 어느 사회에서나 보편적으로 나타나지만, '그 중심을 절대

---

23) http://ja.wikipedia.org/wiki/ 검색어 本町, 검색일 2011. 7. 28

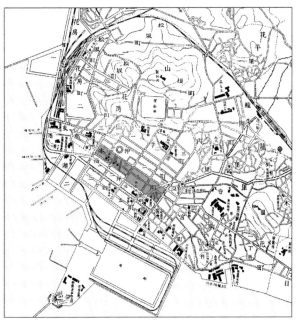

〈그림 3〉 본정(本町)을 중심으로 한 원인천 시가 지역(1920년대)

중심으로 인식하고 상징화하며 굳이 지명과 위치를 통해 시각화하여 부각시키는 것은 다분히 일본적인 방식이다. 이것은 '주변의 동서남북東西南北 방위 지명을 드러냄으로써 그 중심이 어디인지 자연스럽게 드러나도록 하는 한국적인 방식'[24]과 대비를 보이는 것이기도 하다. 아무튼, 일제 강점

---

24) 우리나라의 전통적 행정 지명들은 중심지에 대해 그곳이 중심임을 표현하는 지명을 쓰기보다는, 주변에 동서남북(東西南北)을 뜻하는 이름소의 지명을 배치함으

기 한반도의 주요 도시들에 각인된 '절대 중심으로서의 본정本町'은 주변의 다른 지명들을 일본식 질서에 따라 배치하는 기준이 되었음에 틀림없고, 이것은 기존의 도시 공간 구조 및 권력 구조를 재편하는 데에 작용했을 것이며, 결과적으로 식민지 경영에 기여했을 것이다.

2) 제국주의적 기념비의 각인

장소와 기억은 필연적으로 연관되어 있다(Cresswell 2004, 85). 기억에는 개인적 기억과 사회적 기억이 있지만, 그 중 사회적 기억이 재생되고 구성되는 가장 근본적인 방법 중 하나는 장소의 창출을 통한 것이다. 장소가 지닌 물질적 성격 즉 장소의 물질성으로 인해 기억은 경관 속에 각인될 수 있고 그래서 공적 기억으로 남을 수 있기 때문이다(전종한 2009, 788). 역사적으로 볼 때 기억의 장소들을 역사적 승자를 기념한다. 이 말은 '한 장소는 누군가의 관점에서 보는 역사를 기억하고 있음'을 뜻하며, 나아가 '한 장소를 둘러싸고 서로 다른 여러 가지 기억들이 경합할 수 있음'을 함축한다. 여기서 지명은 한 장소가 누구의 기억을 담고 있는지를

로써 자연스럽게 중심이 드러나도록 하는 경향을 보인다. 동촌, 서촌, 남촌, 북촌 등의 사례나 군동면, 군서면, 군남면, 군북면 등의 예는 전국에 걸쳐 나타난다.

보여주는 하나의 표상이며, 따라서 우리는 지명을 매개로 기억의 정치와 장소의 정치가 서로 교차하는 양상을 살펴볼 수 있다.

일본식 지명들에는 역사적 승자로서의 일본인들의 기억을 담고 있는 것들이 많다. 일본인들은 식민지로서의 조선을 공고히 하기 위해 제국주의적 기념비로서의 지명들을 자신들의 거주지를 중심으로 곳곳에 각인하였다. 제국주의적 기념비로서의 지명들이란 일본의 제국주의적 욕망과 패권주의에 기여했거나 그러한 이데올로기를 함축하고 있는 인물, 사물, 사건 등을 이름소로 하는 지명을 말한다. 이중 일본의 왕명이나 공신 이름을 지명으로 삼은 것은 내선일체內鮮一體와 같은 식민화 정책의 의도를 드러낸 것이며 군대의 장교나 군함 이름을 지명으로 한 것은 일본의 군국주의를 드러낸 것이다(조우성 2009b, 61). 원인천 지역의 경우 화방정花房町, 산근정山根町, 산수정山手町, 송도정松島町 등의 지명들을 대표적인 사례로 볼 수 있다.

먼저 화방정花房町(현 북성동)은 하나부사 요시모토花房義質[화방의질]라는 인물로부터 이름소를 따온 것인데 그는 1882년 8월 제물포 불평등 조약을 체결하였던 일본 측 당사자였다(〈그림 4〉). 하나부사 요시모토는 조약 체결 얼마 전 임오군란을 맞아 서울을 가까스로 탈출한 뒤 당시 인천의 화방정花

〈그림 4〉 하나부사 요시모토
(花房義質, 1842~1917)

房町에서 월미도를 거쳐 일본으로 달아났었다. 그 후 일본은 임오군란으로 인한 피해 보상을 명목으로 하나부사 요시모토를 다시 파견하여 그가 제물포에 상륙했고, 제물포에서 회담을 열어 제물포 불평등 조약을 맺었다. 이 조약으로 인해 일본은 조선을 강탈할 수 있는 명분을 얻을 수 있었고 나아가 조선에서의 일본의 지위를 구미 열강으로부터 인정받게 되는 발판을 마련했다. 이런 점에서 하나부사 요시모토는 일본의 제국주의 역사에서 남다른 인물로 부상했고, 하나부사 요시모토 자신에게 물론이고 일본인 모두에게 제물포는 제국주의적 성취를 맛보는 의미 있는 장소였다. 이러한 역사적 기억의 장소에 원인천의 일본인들은 화방정花房町이라는 지명을 부여하게 된다.

한편 산근정山根町(현 전동)은 러일전쟁 당시 일본군 병참부 사령관을 맡고 있었던 야마네山根[산근]이라는 이름의 육군 소장에서 이름소를 빌려온 것이다. 그는 전쟁 후 공병대를 이끌고 인천에 주둔하면서 이 일대에서 일본인 거주지의 확장을 위해 각종 토목 공사에 참여했다(최성연 1959). 이러한 그의 활동 시기는 1907년을 전후한 때였다. 그 시기를 염두에 둔다면, 당시 일본 조계와 경인선 축현역을 육로로 연결하고 일본인 거주지를 일본 조계를 넘어 만석동으로 확대하기 위해 일본 공병대가 건설했다는 홍예문(1905년 착공하여 1908년에 준공)25) 역시 그의 활동과 관련되어 있을 가능성이 크다. 이렇게 볼 때 일본인의 눈에 비친 야마네의 활약상은 대단한 것이고, 특히 러일전쟁에서 승리한 장군이자 원인천 지역의 일본인 거주지를 조성하고 확장하는 데에 기여한 인물로서 평가되었을 것이다. 그리고 그가 공병대를 이끌고 주둔했다는 당시 전환국典圜局 자리에 산근정山根町이라는 지명이 부여된다.

다음으로 산수정山手町(현 송학동)은 개항기~일제 강점기에 조성된 일본인 거주지로서 '산위에 새로 생긴 마을'이라는 소박한 유래를 갖고 있다. 그런데 일본 도쿄의 관문항인 요코하마에서도 동일한 지명이 존재한다. 요코하마시市 중구中區 원정元町의 남쪽에는 적당한 고도를 가진 언덕이 있다. 그곳 지명이 산수정山手町이다. 요코하마는 1859년 구미 열강에 개항되었는데, 개항 후 1890년까지 외국인 조계가 조성되었던 도시로서 개항장으로서의 인천과 그 경험을 공유

---

25) 응봉산 능선을 관통하는 과정에서 건설된 아치형 터널을 말한다.

한다. 요코하마에서 '야마테山手[산수]'라는 이름의 조계는 그 이전에 설치된 조계지에 이어서 추가로 조성된 것이다. 개항기 요코하마의 초기 외국인 조계는 저습한 지대에 있었기 때문에 새로운 부지가 필요했는데 그 때 고도가 높고 보다 거주에 유리했던 산수정山手町 일대가 주목되었던 것이다. 현재도 부근에는 관련 지명이 남아 있는데, 가령 1893년에 건축된 산수자료관山手資料館, 철도역인 산수역山手驛, 산수공원山手公園, 산수교회山手敎會, 산수성공회山手聖公會, 산수여자중학교山手女子中學校, 산수여자고등학교山手女子高等學校 등이 그것이다. 이런 사실들을 감안하면, 일제는 구미 열강들이 일본 도쿄의 관문항인 요코하마에 가했던 제국주의적 실천들을 겪으면서 일본 특유의 모방 능력을 발휘하여 경성京城(현 서울)의 관문항인 인천에서 그대로 재현해 본 것은 아니었을까 추측된다. 일제 강점기의 목포, 평양, 경성[현 서울] 등지에서도 일본인에 의해 산수정山手町이라는 지명이 부여되었다는 사실 역시 그러한 추측을 돕는다.

끝으로 송도정松島町(현 연수구 옥련동)을 들 수 있다. 마츠시마松島[송도]는 청일전쟁과 러일전쟁에 참전했던 일본 해군의 군함이다(〈그림 5〉). 군함 종류로는 순양함, 그 중에서도 방호防護 순양함 내지 2등 순양함으로 분류된다. 송도함은 청나라가 보유하고 있던 두 척의 전함, 즉 '진원鎭遠'과 '정원

〈그림 5〉 청일 전쟁과 러일 전쟁에 참전했던
일본 군함 '송도함(松島艦)'

定遠'에 대항하는 군함으로 건조되었다. 전장 89.9m, 전폭
15.6m, 최대 속력 16.0노트로서, 1888년 2월 17일 기공하여
1890년 1월 22일 진수되었다. 1892년 4월 5일에 취역한 후
청일전쟁과 러일전쟁에 참전했으나 1908년 4월 30일에 자
체 화약고 폭발로 침몰하였다.26) 송도함과 함께 건조된 함
선으로 엄도함嚴島艦, 교립함橋立艦이 있었는데, 이들의 이름소

26) http://ja.wikipedia.org/wiki/ 검색어 松島艦, 검색일 2011. 7. 3

인 마츠시마[松島], 이츠쿠시마[嚴島], 하시타테[橋立]27)는 일
본이 자랑하는 3대 명승지28)로서 상징성이 클 뿐만 아니라
모두 바닷가에 위치하고 있어 군함 이름으로서는 더없이
적절했을 것이다. 이렇게 볼 때 일본을 떠나 한반도에 와
있던 당시의 일본인들에게 송도松島라는 이름은 한편으로
소위 일본日本 삼경三景이라는 가장 일본적인 명승지를 떠올
리게 하면서 다른 한편으로는 제국들 간의 전쟁에서 승리
한 전승 기념물로서29) 인식되었을 것이다. 이런 상황 속에
서 1936년 인천 옥련리玉蓮里에는 기존의 전통 지명을 대체
하여 송도정松島町이라는 새로운 일본식 지명이 각인되었다.
송도정松島町은 광복 직후인 1946년 다시 옥련동으로 환원되
었으나 오늘날 송도松島 신도시라는 지명으로 재등장하여
남아있다.

---

27) 교립(橋立)은 '하늘에서 내려본듯한' 절경이 펼쳐져 있다는 의미에서 천교립(天
橋立)이라고도 부른다.

28) 송도(松島)는 일본 궁성현(宮城縣) 궁성군(宮城郡)의 송도정(松島町)을 중심(中
心)으로 하는 다도해를 지칭한다. 교립(橋立)은 일본 경도부(京都府) 궁진시(宮
津市)에 펼쳐져 있는 사취(바닷가 쪽으로 뻗은 모래 톱)를 말한다. 엄도(嚴島)는
궁도(宮島)라고도 표기하며 일본 광도현(廣島縣) 입일시(廿日市)의 엄도(嚴島)
신사(神社)가 위치한 섬을 말한다.

29) 러일전쟁에서 일본의 승리는 일본인들에게 신화의 원천이 되었다. 그들은 승전
과 관련된 무용됨, 전쟁 영웅, 기록 사진, 기록화를 제작하였으며 또 그림 엽서의
형태로 제작 판매할 정도였다(김창수 2009, 19).

3) 일본풍 유흥 문화의 이식

개항기~일제 강점기 동안 인천, 부산, 원산 등 개항장을 시작으로 한반도의 웬만한 일본인 거주지 주변에는 조선인들에게 매우 민망하고 낯선 경관이 조성되었다. 그것은 바로 '일본식 노는 집' 즉 유곽遊廓이었다(〈그림 6〉). 유곽이라는 용어 자체도 일본에서 온 일종의 문화적 구성물로서 '은밀한 방과 함께 여성도 빌려 준다'는 의미에서 일명 대좌부貸座敷라고도 불렀다. 물론 일제 강점기 이전의 경우 우리나라에서도 유흥을 위한 기녀妓女, 예기藝妓 등의 기생妓生 신분이 있었고 사당패나 들병장수와 같은 사람들도 있었다. 하지만 이들은 성매매를 주목적으로 하지도 않았고 '집창'이라 부를 만큼의 집단적 성매매 공간도 조성하지도 않았다는 것이 일반적인 견해이다.

하지만 일본의 경우는 달랐다. 일본에서는 근대 이전부터 공창제公娼制가 존재했다(홍성철 2007, 40). 1589년 도요토미 히데요시豊臣秀吉[풍신수길]이 교토의 야나기초柳町[유정]에 최초의 유곽을 만든 것으로 알려져 있다. 이 유곽은 이후 시마바라島原[도원] 지역으로 이전했는데, 당시 그곳에는 버드나무와 꽃이 많았기 때문에 이후 일본에서는 성매매 산업을 화류계花柳界라고 부르게 되었다. 또한 화류계가 성행하는 지역에는 '화花'와 '류柳'를 이름소의 일부로 삼는 지명들이 널리 나타났다. 그 후 일본 개항기인 18세기에 이르기까지 일본인들은 공창제에서 기원한 화류계 문화를 자신들만의 고유하고 특별한 것으로 여겼다.

그런데 일제 강점기 원인천 지역에는 그러한 일본식 문화를 거침없이 드러내는 '부도정敷島町'30)이라는 지명이 생겨났다(〈그림 6〉, 〈그림 7〉 참조). 부도정 외에도 부근에는 유곽을 우회적으로 표현하는 가장 대표적인 두 지명,31) 즉 화정花町과 류정柳町이라는 이름의 취락이 인접해 있었다. 이 외에도 만석정萬石町(현 만석동)에는 1910년대까지 묘도 유곽猫島遊廓이 있었으나32) 부도정 유곽敷島町 遊廓의 성업을 따라가지

---

30) 일제 강점기를 지나며 화개동(花開洞)으로 개칭되었고 그 다음에는 선화동(仙花洞)으로 지명이 바뀌었다. 하지만 유곽을 상징하는 '화(花)'라는 표현은 이어졌음을 볼 수 있다.

31) 유곽(遊廓) 취락을 우회적으로 표현하는 지명들로는 '화류계(花柳界)'에서 표현을 따 온 화정(花町), 류정(柳町) 외에도 신정(新町), 앵정(櫻町), 녹정(綠町), 미생정(彌生町) 등이 있었다. 신정(新町)은 유곽이 주로 시가지 외곽의 새로 시가지에 편입된 공간에서 형성되었기 때문에 유래한 것이고, 앵정(櫻町)과 녹정(綠町)은 각각 화정(花町)과 류정(柳町)에 상통하는 지명이다. 일본 오사카[대판(大阪)]의 신정(新町)은 일본 3대 유곽의 하나이며, 일제 강점기 인천에도 신정(新町: 현 신포동, 일제 강점기 때 화정(花町)으로도 불림)이 유곽 지역이었던 것으로 알려져 있고, 당시 경성(京城: 현 서울)의 신정(新町: 현 묵정동)도 유곽 밀집 지구였다. 미생정(彌生町)은 일본 역사의 '미생시대'(彌生時代: 수도작 문화가 일본에 도입된 시대를 말함)라는 용어에서 유래한 말인데, 일본 히로시마[광도(廣島)]의 미생정(彌生町)이 유곽 취락으로 유명하고 일제 강점기 경성(京城:: 현 서울 공덕동의 옛 萬里倉 터 일대)의 미생정(彌生町) 역시 유명한 유곽 지역이었다.

32) 인천광역시 역사자료관, 『역주 최신의 인천』, 17~18쪽.

못하고 영업 부진으로 곧 폐업하였다고 한다. 개항기~일제 강점기 원인천 지역에 조성된 유곽 취락의 형성 배경은 크게 세 가지로 나누어 생각해 볼 수 있을 것이다.

〈그림 6〉 1910년대(추정) 인천의 부도 유곽 전경

첫째, 유곽은 근대 이전부터 일본식 유흥 문화의 한 부분이었기 때문에 개항기~일제 강점기를 살았던 일본인들에게 유곽 시설은 혐오 시설이 아니었다. 오히려 삶의 공간의 중요한 일부였다. 1891년 8월 인천의 일본 조계 부근에는 각국 사람들에 의해 제물포 구락부(club)라는 오락장이 만들어졌는데, 일본인이 그곳을 즐기러 오는 경우는 극히 드물

〈그림 7〉 일제 강점기 원인천 지역의 유곽 취락들(1928년)

* 주) 1920년대 인천의 유곽 취락들은 인천만 안쪽의 해안가(인천부 동남쪽
  해안 저지대)에 집단적으로 조성되었다. 위 지도에서 부도정, 유정, 화정
  등 유곽 취락이 집적해 있다.

었다는 기록이 있다.[33] 그만큼 일본인들의 유흥 문화가 서
양의 그것과는 달랐던 것이며 제물포 구락부 대신 발길을
돌린 곳이 아마도 유곽 취락이었을 것이다. 심지어 일본 본
토에서는 『전국유곽안내全國遊廓案內』라는 책자를 발간하여
일본 열도뿐만 아니라 식민지였던 조선과 대만 등지의 유
곽 위치, 가격 등에 대한 정보를 안내하기까지 하였다.[34]

33) 인천대학교 인천학연구원, 『신찬 인천사정』, 162쪽.
34) 이 책에는 조선의 유곽 30곳이 소개됐는데, 특별한 우선 순위는 없었으나 일본을

이처럼 유곽은 일본식 유흥 문화의 한 부분으로서, 일제 강점기 일본인들의 거주지 주변부를 구성했던 주요 삶의 공간이었고, 그곳 장소성을 직·간접적으로 드러내 주었다.

둘째, 인천과 같은 개항장에 형성되었던 유곽은 대개 일본인 거류민단에 의해 자치적으로 조성된 것이었다. 일제는 통감부를 설치하면서 개항장 중심의 집창촌을 전국 주요 도시로 확대했다. 통감부는 먼저 일본인들이 많이 사는 곳에 거류민단居留民團을 조직했으며, 거류민단에서는 첫 번째 사업으로 유곽 설치에 나섰다(홍성철 2007, 65). 통감부와 거류민단이 유곽 조성을 주도한 것은 민단의 재정 확보와 함께 일본식 유흥 문화의 이식을 통해 식민지에서 일본인의 안정적 정착을 도모하기 위함이었을 것이다. 목포에서는 유곽의 토지 소유자가 당시 소학교 교육비용으로 3만원이라는 거액을 기부했다는 보고도 있는데, 이 사실은 조선의 일본인 사회에서 유곽이 얼마만큼 성황을 이루었고 얼마나 자연스럽게 파급되어갔는지 충분히 짐작케 한다.[35] 인천의 부도정 유곽 역시 1902년 12월 거류민단의 허가를

중심으로 가깝고 일본인들이 많이 찾는 곳을 먼저 소개하는 방식으로 서술되어 있다(홍성철 2007, 87).

35) 군산 개항사에는 '조선에서도 민단법이 시행되고 지방자치제가 인가되자 경성이 솔선해서 민단의 재정원 함양을 목적으로 신정 유곽을 개설하여 의외로 성공하였기 때문에 각지의 민단도 앞을 겨루고 유곽 설치에 착수했다'고 기술하고 있다(홍성철 2007, 69).

얻어 개업한 것이었다(홍성철 2007, 31~32). 당시 인천의 일본인 중심가에는 17곳의 요리점이 흩어져 있었는데 업체당 800원씩 공동 출자하여 부도정에 유곽을 집단적으로 개업하였다. 이 때 성병 치료를 위한 부도구미원敷島驅黴院이라는 병원도 함께 개설했을 정도로 부도 유곽의 개설과 운영은 통치 권력에 의해 체계적으로 관리되었다.

셋째, 제국주의 지향의 일본이라는 스케일에서 볼 때 식민지에 건설한 유곽은 안정적 식민지 경영을 위해 꼭 필요했을 것이다. 왜냐하면 식민지 개척 초기의 경우 식민지는 일본인의 입장에서 미래가 불확실한 세계였을 것이고, 따라서 일본 본토로부터 식민지로 이주한 사람들 중에는 불확실성과 모험을 감당할 수 있는 남성들이 상대적인 다수를 차지했을 것이다. 실제로 인천의 경우 일본인의 성별 인구를 보면, 1883년 남자 281명, 여자 67명, 1888년 남자 911명, 여자 448명, 1893년 남자 1,530명, 여자 974명, 1898년 남자 2,463명, 여자 1,838명, 1903년 남자 3,720명, 여자 2,713명, 1908년 남자 6,046명, 여자 5,137명 등 언제나 여성보다 남성이 큰 격차 속에서 다수를 차지했다(〈그림 8〉).[36] 따라서 일제 제국주의자들의 입장에서는 일본 남성들이 식

---

36) 인천광역시 역사자료관, 『역주 최신의 인천』, 30쪽.

민지에서의 삶에 만족하고 식민지 개척에 매진할 수 있도록 대책을 강구했을 것이다. 그리고 그 같은 노력이 일본식 유흥 문화의 체계적 보급, 다시 말해 통감부나 조선 총독부를 통한 유곽의 승

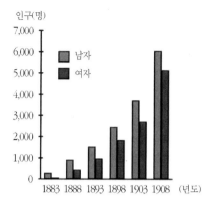

〈그림 8〉 개항기 인천의 일본인 성별 인구
* 자료: 平井斌夫, 1912, 『最新の仁川』

인과 체계적 관리로까지 이어졌을 것이라 추정할 수 있다.

4) 전통 지명의 식민지적 해체를 통한 재구성

지명 부여 시스템은 모든 문화 집단에서 공통적으로 나타나는 일종의 문화적 범주이다(Rose-Redwood, et al. 2010, 462). 여기서 '문화적 범주(cultural arena)'란 말은 지명이 곧 '지명을 명명할 수 있는 권한', 즉 '경관[지명]에 특정한 의미를 불어 넣을 수 있는 권력'(Mitchell 2008, 43)을 둘러싸고 벌어지는 문화 집단 간의 경합과 타협의 장임을 의미한다. 따라서 지명 명명의 과정은 역동적 권력 관계를 반영할 수밖

에 없고, 명명된 지명은 결과적으로 누군가의 관점을 담지하게 된다. 승리한 문화 집단은 새로운 통치 공간(governable spaces)을 창출하는 셈이고, 이것은 다시 그곳에 대한 사회적, 정치적 통제권을 유지하는 데 공헌한다고 이해할 수 있다. 이 점에서 지명은 단지 권력 관계의 산물만이 아니고 권력을 획득하기 위한 중요한 도구인 것이다. 이런 시각은 전통 지명에 대한 일제의 식민지적 해체와 재구성의 맥락을 짚어 보는 데에 유용한 관점을 제공한다.

앞에서 살펴보았듯이 개항기~일제 강점기 전반 동안 인천의 일본인들은 자신들의 거주지에 일본식 지명들을 부여하는 일이 비교적 자유로웠다. 무엇보다 그것은, 일본 조계를 포함한 초기의 일본인 거주지가 대체로 새롭게 개척 혹은 간척된 공간이었기 때문이고, 자연스럽게 그러한 '빈' 공간, 엄격히 말하면 그들에게 무주공산無主空山으로 인식되었던 공간에 일본식 지명들을 부여하였기 때문이다. 따라서 그러한 곳에서는 장소 명명이나 장소 기억을 둘러싼 사회 집단 간의 경합이나 충돌이 거의 생길 일이 없었다.

하지만, 시간이 흘러 일본인 거주지가 포화 상태에 이르게 되면서 일본인들은 조선인 취락 지역으로 침투해 갔고, 이때부터 한국의 전통 지명에 대한 간섭과 개입을 드러내기 시작했다. 연구자는 이렇게 일본인의 간섭과 변형에 의해 변형된 전통적 지명 역시 넓은 의미에서 일본식 지명으로 간주할 수 있다고 보고 있고, 이른바 '식민지적 해체를 통해 재구성된 일본식 지명'이라 규정할 수 있다고 생각한다. 그리고 식민지적 해체를 통해 재구성된 일본식 지명은 인천이라는 도시 이름에서부터 작은 촌락 지명에 이르기까지 다양한 스케일에서 생산되었다.

우선 일본인들은 '인천' 그 자체의 지명 의미를 공간 구조와 사회 구성이라는 양 측면에서 소위 '소일본小日本'으로 재구성했다. 개항기 이후 인천의 중심은 더 이상 과거의 부내면府內面 승기리升基里(현 남구 문학동, 관교동 일대)에 있지 않았다. 동촌東村과 서촌西村을 좌우에 두었던 인천의 옛 중심지 승기리37)는 개항기 이후 조금씩 잊혀 갔으며, 그 자리를 제물포 조약이 체결된 장소인 제물포라는 지명이 대신하기 시작했다. 1903년에 신설된 인천부 부내면은 제물포(현 중구 중앙동 일대)를 지칭하는 것으로서 이전의 인천부 부내면과는 동일 지명이면서도 전혀 다른 곳이었다. 옛 중심지에 대한 온전한 삭제와 동시에 완벽한 대체를 이루었던 것이다. 심지어, 개항 이후 승기리는 '인천이 아닌 부천군'이라는 엉

---

37) 『輿地圖書』(1760년경)에 '(승기리의) 동쪽과 서쪽에 촌락이 형성되어 있는데 관문(官門)에서 동·서로 각각 5리(약 2km)에 위치한다'고 되어 있다. 승기리란 지명은 『仁川府邑誌』(1842, 奎12178), 『仁川府邑誌』(1871, 奎12177) 등 조선 시대 자료들에서 확인된다.

뚱한 행정 공간에 편입되었고, 다시 읍내리와 승기리로 분리되었으며, 또 다시 동촌승기리와 서촌승기리, 혹은 대승기리와 소승기리 등으로 분할되었고, 1940년에는 원정元町이라는 전형적인 일본식 지명으로 대체되면서 그 지명조차 완전히 지워져 버렸다.

이와 대조적으로 개항장과 일본 조계가 있던 제물포는 일본인들에 의해 '그들만의 새로운 인천'의 상징이고 핵심지로 부각되어 갔다. 인천을 '작은 일본[小日本]'으로 표현하면서, 그 중심부를 차지하는 것은 서구인도, 중국인도, 조선인도 아닌 바로 일본인이라고 주장하는 다음과 같은 일본인 기록들이 이점을 방증한다.

> 거류지에는 사무소도 있고 은행도 있고 회사도 있고 상업회의소도 있으며, 학교와 사원과 신문사도 있고, 행정·상업·교육 등의 기관들도 거의 갖추어져, 완연한 '작은 일본'[小日本]을 이루고 있어……(所川雄三, 1898, 『新撰仁川事[情]』).[38]

> 손님이 처음 인천항에 들어오자 우선 눈에 비치는 것은 …(중략)… 요즘 우리 관측소의 최고봉이며, 배에서 상륙해도, 기차에서

---

38) 인천대학교 인천학연구원, 『신찬 인천사정』, 6쪽.

내려도 가장 먼저 발을 내딛는 곳이 지나정(支那町: 청국 조계)이
며, 이를 지나서 처음으로 일본인 마을에 들어서며, 시가지가 끝나
려고 하는 곳에 조선인의 집이 있다. 서구인은 산을 오르고, 중국인
을 인후지를 차지하고, 일본인은 중심구에 걸치고, 조선인은 배후지
에 있다(平井斌夫, 1912, 『最新の仁川』).[39]

이와 같이 일본인에 의해 재구성되고 또한 담론으로 유
포된 '인천'이라는 지명은 이제 이전의 것과는 완전히 다른
개념의 인천이었다. 어떤 면에서 그것은 일본화된 지명으
로서의 인천이었다. 그리고 위 자료에서 볼 수 있듯이 일본
인들은 인천부 전체 스케일에서 인천을 청국인 공간, 서양
인 공간, 일본인 공간, 조선인 공간으로 나누어 인식하였다.
이 때 일본인 공간을 중심에 위치 지우면서, 청국인 공간은
그것의 입구에, 서양인 공간은 뒷산에, 그리고 조선인 공간
은 후미진 저편에 있다고 생각하였다(앞의 〈그림 3〉 참조). 하
지만 청일전쟁 후 청국 조계를 장악하고 제물포 조약에 근
거하여 서양인에 비해 한반도에 대한 절대 우위의 권력을
점하면서, 사실상 일제 강점기의 인천은 일본인 공간과 조
선인 공간으로 점차 양분되어 갔다고 볼 수 있다.[40] 개항기

---

39) 인천광역시 역사자료관, 『역주 최신의 인천』, 27~28쪽.
40) 일제 강점기 인천의 내부 공간이 민족이나 인종 구성의 측면에서 다양했음을

를 지나 일제 강점기에 진입하면서 조선인 공간과 일본인 공간의 이중 구조는 오히려 심화되었고, 나아가 일본인 공간은 조선인 공간을 더욱 주변부로 내몰아갔던 것이다. 이러한 사회공간적 이중 구조는 지명의 형태소에서도 드러나는데, 1928년 인천부 지도에서 취락 이름이 '정町'[일본인 공간]과 '里'로 양분되는 것에서 재차 확인할 수 있다(앞의 〈그림 2〉).

스케일을 달리하여, 인천 내부의 취락 지명들로 내려가 보기로 한다. 일제 강점기 초반까지 원인천 지역에는 조선인에게 고유한 의미를 담은 다수의 전통 지명들이 분포했

들어 '인천의 도시 구조에 대해 이중 도시론의 관점에서 이중 구조라는 표현을 적용하는 것은 한계가 있다'(김종근 2011)는 주장이 있다. 이와 약간 다른 관점에서, '식민 도시의 민족 구성이 거의 순수하게 이원적이었고 일제 강점기 인천이나 하얼빈과 같은 몇몇 도시만 예외적이다'(김백영 2009, 52)는 주장도 있다. 어떤 면에서 적절한 지적이지만 그런 주장에는 '스케일에 대한 전제'가 있어야 설득력을 더할 것이다. 특히 인천의 경우, 스케일을 상승시켜 볼수록 일본인 공간과 조선인 공간으로 양분된 두 개의 공간이 부각되어 당시의 도시 구조는 이중 구조였다는 사실이 선명해지며, 스케일을 하강시켜 볼수록 다중 구조가 드러나기 때문이다. 구체적으로 말해서, 인천 전체 스케일에서는 이중 구조라는 큰 틀이 목격된다고 할 수 있으며, 인천 관내의 소규모 지구(district)별로 상세화해서 보면 상대적으로 다중 구조가 부상함을 말한다. 가령 당시의 인천을 소규모 지구별 스케일에서 볼 때, 영국인, 미국인, 독일인 등 백인이 거주하던 만국 조계 내에 일본인도 다수 거주했으며, 청일 전쟁이후 청국 조계였던 곳에는 청국인과 일본인이 공존했고, 심지어 일제 강점기 후반이 되면 일본인 거주지는 외곽의 조선인 취락 지역에까지 확산되면서 일부 일본인은 조선인과 함께 살았다. 이 스케일에서 당시 인천의 도시 구조를 규정한다면 이원적이 아닌 다원적, 이중 구조가 아닌 다중 구조라는 표현이 적절할 것이다. 하지만, 거시적 스케일에서 볼 때 개항기 이후 한반도에 대한 일본인들의 지배 권력은 커져갔으며 더구나 일제 강점기 후반으로 가면 한반도의 주요 도시는 일본인 공간 對 조선인(한국인) 공간으로 양분되어 오히려 이중 구조가 심화되었다고 인식할 수 있다.

다. 가령, 1912년 일본인이 저술한 한 자료에는 '조선인 부락으로는 수유동, 만석동, 신지동, 화도동, 평동, 화촌동, 용동, 내동, 외동, 답동, 신견동, 율목동, 우각동, 금곡동, 비룡리, 송림리, 송현동이 있다. 언덕 위에 대체로 누런 초가집이 점점이 보인다'[41]라고 하여 조선인 마을 이름과 그에 대한 자신들의 이미지를 보여주고 있다. 1928년의 인천부 지도(〈그림 2〉)에도 내리內里, 외리外里, 용리龍里, 율목리栗木里, 우각리牛角里, 금곡리金谷里, 송림리松林里, 송현리松峴里, 화평리花平里, 신화수리新花水里 등 10개의 전통 지명을 가진 마을들이 기입되어 있고, 이들 중 상당수는 앞의 1912년 자료에 등장한 마을 지명과 중복되고 있었다. 그리고 이들 지명에 대한 일본인들의 식민지적 해체와 재구성 역시 다양한 양상으로 전개되고 있었다.

첫째, 한국의 전통 지명을 일본인들이 재점유하거나 완전히 다른 표현으로 개칭한 사례들이 있다. 이 작업은 무엇보다 행정 권력의 도움을 필요로 하는 것인데, 이점을 증거하는 자료의 하나가 조선총독부 체신국遞信局에서 공표한 소위 '공식 지명'[42]이다. 이 자료에 따르면 인천 지역의 경우

---

41) 인천광역시 역사자료관, 『역주 최신의 인천』, 19쪽.
42) 조선총독부 체신국에서는 『체신국보』 제1467호(1917년 7월 1일)를 통해 소위 '속칭'(전통) 지명과 '공식' 지명의 관계를 담은 「俗稱地名一覽表」를 공지하였다.

'월미도月尾島'는 속칭俗稱(전통) 지명으로 간주하면서 대신 '만석정萬石町'을 공식公式 지명으로 규정하였다. 이 외에 속칭 지명 '주안朱安'에 대해서는 공식 지명 '간석리間石里'를, 속칭 지명 '사천장蛇川場'에 대해서는 공식 지명 '신천리新川里'를, 속칭 지명 '부평역富平驛'에 대해서는 공식 지명 '대정리大井里'를, 속칭 지명 '관청리官廳里'에 대해서는 공식 지명 '관교리官校里' 및 '문학리文鶴里'를 제시하고 있다(〈표 5〉). 말하자면, 일제 강점기라는 새로운 권력 관계를 바탕으로 기존의 전통적 장소 기억을 지워가는 한편, 그곳에 이전과는 다른 장소 정체성을 '공식적으로' 부여하는 방식으로 장소의 정치를 펼쳐 갔던 것이다.

〈표 5〉 일제 강점기 인천 지역의 속칭(전통) 지명과 공식 지명

속칭 지명 (전통 지명)	공식 지명 (1917년)	비　고
月尾島	萬石町	「청구도」, 「대동여지도」, 『1872년 군현도』 등의 인천 지도에 '月尾(島)'라는 지명이 보이므로 전통 지명이라 할 수 있다. 1903년 萬石里, 1914년 萬石町으로 개칭되었다.
朱安	間石里	「청구도」, 「대동여지도」, 『1872년 군현도』 등의 인천 지도에 '朱雁', '朱岸', '朱安' 등으로 표기되어 있다. 구한말까지 석바위, 샛말이라 부르던 지명을, 1903년 石峯과 間村으로 각각 한자화했고, 1917년 일제가 두 마을을 통폐합하여 間石里로 명명했다.
蛇川場	新川里	「동여도」의 인천 지역에서 '蛇川'이 확인되므로 전통 지명이다.
富平驛	大井里	「청구도」, 『1872년 군현도』의 부평 지도에 '富平驛'이 있다.
官廳里	官校里 및	관청리라는 지명은 조선시대 인천도호부 청사가 있던 승

| 文鶴里 | 기리를 대체하면서 개항기 이후(1906년) 처음 등장하였다. 하지만 관청리는 다시 관교리, 문학리로 대체됨으로써 '관청' 터라는 의미까지 상실되었다. |

자료: 「俗稱地名一覽表」(조선총독부 체신국, 1917).
* 주) '비고' 항목은 「동여도」, 「청구도」, 「대동여지도」, 『1872년 군현도』를
분석하여 정리한 것임.

둘째, 서로 다른 전통 지명의 일부 영역만을 떼어 내어 그곳에 낯선 일본식 지명을 부여하는 경우가 있다. 구한말 인천감리서가 있던 내리內里와 외리外里의 사이에서 어느 날 등장한 경정京町이란 지명이 그 예이다. 적어도 1920년대까지 내리와 외리는 조선인 마을이었다(〈그림 9〉). 1914년 4월 일본인들로 구성된 거류민단이 폐지되면서 일본인과 조선인이 공법인公法人 하에서 함께 시정을 운영하게 되는데, 이때 공법인을 구성했던 조선인의 거주지를 파악해 보면 그들이 주로 내리와 외리에 거주했음을 확인할 수 있다.[43] 가령 공법인 중 하나였던 인천부협회仁川府協會의 회원 구성을 보면, 총 회원수 17명 중 일본인이 9명, 조선인이 8명이었는데, 일본인 회원의 거주지는 본정本町, 산수정山手町, 빈정濱町, 화정花町, 신정新町 등이었고 조선인 회원의 거주지는 내리內里 3명, 외리外里 4명, 용리龍里 1명으로 나타난다(〈표 6〉). 조선인 회원의 거주 구역과 일본인 회원의 거주 구역은 경관상 하

---

43) 인천광역시 역사자료관 역사문화연구실, 2009, 『역주 인천과 인천항』(萩森茂, 1929, 『續編 仁川港』), 61~63쪽.

나의 시가지로 연결되어 있었지만, 민족별 거주의 분리 현
상은 선명했다고 할 수 있다.

〈표 6〉 인천부협회 회원 명단 및 거주지 현황(1929년 9월 기준)

조선인	거주지	일본인	거주지
金允福	外里 171	吉田秀次郎	山手町 2-16
金相勳	外里 129	今村覺次郎	山手町 2-3
李彰儀	外里 118	後藤連平	山水町 1-9
鄭淳澤	外里 77	平山松太郎	本町 2-3
安永淳	內里 154	村田孚	本町 2-5
鄭世澤	內里 108	河野竹之助	本町 4-6
孫亮漢	內里 204	力武嘉次郎	濱町 28
張錫佑	龍里 101	丹羽茂三郎	花町 2-12
		美濃谷榮次郎	新町 30

* 자료: 港灣協會仁川協贊會, 1925, 仁川.

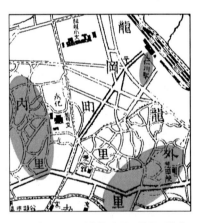

〈그림 9〉 1920년대 內里, 外里 일대

그런데 일제는 서로 인접해 있던 내리와 외리의 사이 지대를 별도로 분리해 낸 다음 그곳에 경정京町이라는 생소한 지명을 부여하였다. 경정京町은 일본인 거주지로부터 '서울로 가는 길'이라는 뜻에서 붙여진 지명으로 해당 도로 주변을 경성통京城通이라고도 불렀다. 그런데 그 중간에 조선인 취락을 가로질러 가야만 했다. 그래서 일본인들은 조선인 취락 지역에 편입되어 있던 이곳을 자신들의 공간으로 확보하고 싶었을 것이다. 경정京町을 설치한 다음에는, 오히려 경정京町을 기준으로 삼고 전통적 지명이었던 내리內里를 경정의 서쪽에 있는 마을이라 하여 '서경정'이라 개칭하기까지 하였다. 한편 경정京町이라는 지명은 일제 강점기 경성(현 서울), 대구, 마산, 개성, 목포 등의 일본인 거주지에서도 반복적으로 나타나는 일본식 지명의 하나이기도 하다. 특히 인천 지역의 경우, 경정京町의 신설과 관련한 일본인들의 지명적 실천(toponymic practices)은 내리와 외리라는 조선인 취락을 분리시켜버리는 결과를 가져왔다는 점에서 전통 지명의 식민지적 해체 작업의 일환으로 볼 수 있을 것이다. 경정京町은 오늘날 형태소만 바뀐 채 경동京洞이라는 지명으로 여전히 존속하고 있다.

셋째, 전통 지명들을 자의적으로 통폐합하되 가령 기존 지명의 머릿글자만 따서 조합하는 방식을 들 수 있다. 여기서 문제는 서로 다른 지명의 머릿글자만 취함으로써, 이전까지 각각의 이름소를 통해 가시적으로 드러낼 수 있었던, 전통 지명의 고유한 의미를 상실케 만들었다는 데에 있다. 나아가, 이렇게 조합된 지명은 조선인으로 하여금 장소와 자신들의 관계를 낯설게 만들고 조선인의 장소 정체성을 흐트러뜨리는 방향으로 작용했을 것이다. 인천 지역의 경우 서로 다른 행정 단위인 평동平洞(벌말)과 화촌면花村面을 조합해 1914년에 화평리花平里[나중에 화평정(花平町)이 됨]라는 지명을 만든 사례도 있고, 심지어 세 개 마을의 지명의 머릿글자를 조합한 지명도 있다. 1914년에 등장한 신화수리新花水里가 그 것이다. 신화수리는 신촌리新村里, 화도동花島洞(곶마을), 수유리水踰里(무네미)의 첫 글자를 조합해 '신화수리'라는 생소한 지명을 만든 것이다. 이러한 방식의 지명적 실천은 특히 1914년의 행정구역 통폐합 때 전형적으로 이루어졌고 인천 이외에도 전국적으로 그 사례가 수없이 많다.

넷째, 전통 지명들이 근거하고 있는 장소로부터 1차적으로 해당 지명을 떼어낸 다음, 2차적으로 위치 이동시킴으로써 조선인의 전통적인 장소 기억을 해체한 사례도 있다. 말하자면 장소의 물질성으로부터 장소 기억을 떼어 내버린 것이다. 축현杻峴이란 지명을 그 예시로 들 수 있다. 축현은 구한말 지형도에서도 확인되는 전통 지명이다. 축현은 내리, 외리, 용리 사이의 용동 고개 때문에 생긴 이름으로 조선인들은 용동 고개라는 표현보다는 '축현' 즉 '싸리재'라는 의미로 흔히 불렀다고 한다. 그러던 중 '축현'은 경인선 개통시 용리龍里(현 동인천동)44)의 구릉 아래[당시 인천물산회사(仁川物産會社) 부근]에서 영업을 시작한 철도역의 이름으로 채택되었다. 그러나 역 주변에 조선인 가옥이 증가하고 종래의 역사驛舍가 협소하다는 이유로, 일본인들은 1907년 축현역을 현재의 위치(현 동인천역)로 옮겨 갔다.

1910년대 이후 일본인들은 원래의 축현이 있던 곳에 용강정龍岡町이라는 일본식 지명을 부여하였고, 다른 한편에서는 새로 옮긴 축현역을 1926년 상인천역으로 개칭하였다(〈그림 9〉 참조).45) 그 명목은 인천으로 들어오는 외지인들에게 축현역은 낯설기 때문에 축현역에서 하차해야 할 여객들이 실수로 인천역까지 간다는 이유였으나,46) 그 사이에 20년 이상 사용되었던 축현이라는 지명은 어느덧 공적인 지명 목록에서 말소되는 처지가 되고 말았다. 원래의 축현 자리에는 일본식 지명인 '용강정龍岡町'이, 옮겨온 축현역 자

---

44) 일제 강점기 용리(龍里)는 내리(內里) 및 외리(外里)에 인접해 있었던 조선인 취락이었다.

45) 상인천역은 1955년 철도청에 의해 동인천역으로 개칭되었다.

46) 인천광역시 역사자료관 역사문화연구실, 2005, 『역주 인천향토지』(仁川敎育會, 1932, 『仁川鄕土誌人』), 273~274쪽.

리에는 일본인이 부여한 '상인천역'이 차지한 형상이 되어, 부지불식간에 '축현'이란 지명은 설 자리가 없었던 것이다. 정리하자면 '전통 지명 → 지명과 장소의 분리 → 일본식 지명으로의 대체'라는 수순을 통해 지명의 식민지적 해체와 재구성에 도달했다고 볼 수 있다.

이런 방식의 전통적 지명 해체는 '부평'의 경우에도 유사하게 재현되었다. 조선시대 이래 부평의 중심지는 계양산 아래(현 계양구 계산동)에 있었다. 그러나 일제는 부평의 전통적 중심으로부터 남쪽으로 수 킬로미터 떨어진 경인선 철도역에 '부평역'이라는 지명을 부여했다. 이 역시 장소의 물질성과 장소 기억을 분리시킨 경우라 할 수 있다. 그 후 일제는 부평역 인근에 거주지와 은행가와 군수 공장을 집적시켜 집중적으로 성장시켰고, 결과적으로 부평역 인근이 부평의 중심으로 인식되기 시작했다. 이것은 당시의 지명 언중에게 수백 년을 이어온 부평의 전통적 중심지를 망각케 하고 새로운 부평을 '진짜' 부평으로 각인함으로써 권력관계와 지역 구조의 식민지적 재편에 일조했을 것이다.

4. 맺음말

일제 강점기가 지나고 광복을 맞았을 때 인천의 일본식
지명들은 어떻게 되었을까? 광복 이듬해인 1946년 인천시
는 지역 사회의 지식인들을 초빙해 '정명개정위원회町名改正委
員會'를 구성하고 일본식 지명의 일괄 소거에 나섰다.[47] '정
명町名' 그러니까 취락 지명에서 일본식 형태소인 '정町'자字
를 없애고 '바로 잡자[개정(改正)]'는 위원회를 구성한 것이
다. 그리고 많은 일본식 지명들이 구한말의 전통 지명으로
환원되었다. 이 때 지명의 행태소는 모두 바로 잡았지만,
적지 않은 일본식 지명들이 일제 강점기의 이름소 그대로
혹은 개정된 지명 속에 숨어 존속하고 있다. 예를 들면, 조
선인 취락을 분리하면서 설치되었던 경정京町은 경동京洞으
로 유지되고 있고, 만석정萬石町 역시 만석동萬石洞으로, 송도
정松島町은 송도松島 신도시로 남아 있다. 유곽이 있던 부도정
敷島町과 유정柳町은 어떻게 되었을까? 부도정敷島町은 선화동,
유정柳町은 유동으로 각각 개정되었는데, 선화동仙花洞은 그
속에 '화花'를 숨기고 있을 뿐만 아니라 그 자체가 일제 강점
기 때 명명된 일본식 지명이며 유동柳洞은 형태소만 바뀐 채

---

47) 광복이 되면서 1946년 美軍政 하에서 일본식 동명을 그 이전의 명칭으로 환원하
   는 작업이 이루어졌다(박덕유 2002, 75).

그대로 내려오고 있다. 송판정松坂町은 송월동으로 개정되었지만 일본식 지명들에서 자주 나타나는 '송松'이라는 한자만은 잔존해 있다. 조선시대 이전부터 수백 년 간 인천의 행정 중심지였던 승기리升基里는 어떻게 되었을까? 승기리는 일제 강점기 때 명명된 관교동과 문학동에 뒤덮여 부활될 조짐조차 보이지 않는다.

이처럼 광복 후 일본식 지명은 주로 구한말 당시의 전통 지명으로 환원되면서 급속히 소멸되었다. 이것은 권력 관계의 전복을 가져온 광복과 더불어 일본식 지명에 대한 한국인의 소위 문화적 저항(cultural resistance)이 한 순간에 폭발한 것이라 해석할 수 있다. 하지만 아직도 많은 일본식 지명들이 현 지명들에 직접 드러나거나 교묘히 은닉된 채 남아 있음을 볼 수 있었다. 그러면 지금부터라도 일본식 지명들을 끝까지 추적해서 소멸시켜야 하는가? 이에 대한 대답이 패배주의 일변도로 궁색해지거나 혹은 모종의 또 다른 식민주의적 시각에 빠지지 않기 위해서, 우리는 먼저 일본식 지명 그 자체의 본질을 충분히 이해할 필요가 있다. 본 연구를 통해 연구자는 그에 대한 탐구에 합류하기를 희망하고 있다.

본론에서 살펴본 바와 같이 일본식 지명은 다양한 맥락에서 생산되었다. 그 중에는 식민지 경영의 효율화와 고착화를 직접 의도한 지명들도 있었고, 그것과는 다른 차원에서 우리와 다른 문화 집단으로서의 일본식 문화의 단순 이식과 관련된 지명들도 있었다. 이러한 지명들에 대해 제국주의적 패권주의나 식민지 통치라는 단일한 시각에서 접근하는 것은 한계가 있다. 가령 개항 초기의 간척지에 명명된 일본식 지명을 놓고 '전통 지명을 말살하려는 의도가 숨어 있었다'거나 유곽 취락에 부여된 일본식 지명에 대해 '저속한 유흥 문화를 퍼뜨려 식민지 조선의 문화를 천박하게 만들려고 했다'고 해석하는 것은 억지스러울 수 있다. 그렇다고 일본식 지명들이 탈식민적인 것이었음을 말하려는 것은 아니다. 오히려 일본식 지명의 생산 방식들과 그 속에 담긴 일제의 실천 및 장소의 정치에 대해 다각적으로 조명할 때 우리는 일본식 지명의 본질뿐만 아니라 오늘날 우리의 삶을 둘러싼 지명들의 정치적, 사회적, 문화적 본질을 포괄적으로 이해할 수 있음을 강조하려는 것이다.

본 연구를 통해 연구자는 특정 지명의 생산과 지명의 개칭이 새로운 헤게모니적 권력에 의해 강제된 것이기도 하고, 서로 다른 문화 집단들의 문화적 표상이기도, 다양한 사회적 주체들 간의 정치적 타협의 결과이기도 하다는 점을 알 수 있었다. 여기에 한 가지 추가할 것은 지명의 생산과 개칭이 불평등한 사회적 관계의 산물이기도 하다는 점이다. 특히 오늘날과 같은 자본주의 사회에서는 지명이 상업 자본과 동일시되면서 자본 권력에 의한 지명의 개칭이 종종 나타난다. 이런 식의 지명 개칭(renaming)을 연구 주제로 할 경우에는 불평등한 사회적 관계에 주목하는 시각을 견지할 필요가 있다. 왜냐하면 지명의 개칭 행위에는 특정 집단의 정체성이나 이데올로기가 간섭하고, 사회적 관계를 반영한 의사 결정 과정이 수반되기 때문이다. 따라서 이렇게 개칭된 지명은 기존의 불평등한 사회적 관계를 존속시키는 기능을 하기 마련이다. 이 부분에서 '새로운 지명의 탄생이나 기존 지명의 개칭은 단지 정치적, 문화적 상징일 뿐만 아니라 사회적 평등 및 사회 정의(social justice)를 방해 혹은 실현하는 도구가 된다'[48](Bullard and Johnston 1997)는 주장이 추후의 지명 연구를 위해 시사하는 바가 있어 보인다. '텍스트로서의 지명' 연구를 넘어, 사회적 관계와 의사 결정 과정에 주목하는 '실천으로서의 지명' 연구로 나아감으로써 지명 연구의 지평이 계속 확대되기를 기대한다.

---

48) Bullard and Johnston(eds.), 1997, *Just Transportation: Dismantling Race and Class Barriers to Mobility*, Stony Creek: New Society Publishers (Rose-Redwood 2010, 465에서 재인용).

참고문헌

김백영, 「천황제 제국의 팽창과 일본적 근대의 기획: 일본형 식민지 도시의 특성에 대한 비교사적 분석」, 『도시연구: 역사·사회·문화』 창간호, 2009, 43~79쪽.

김순배·류제헌, 「한국 지명의 문화정치적 연구를 위한 이론의 구성」, 『대한지리학회지』 43(4), 2008, 599~619쪽.

김종근, 「식민도시 인천의 거주지 분리 담론과 실제」, 『인천학 연구』 14, 2011, 7~44쪽.

김창수, 「식민시기 인천의 사진엽서와 시선들」, 『도시연구: 역사·사회·문화』 2, 2009, 5~29쪽.

박덕유, 「仁川의 行政區域 地名語 硏究(Ⅰ)」, 『지명학』 8, 2002, 69~92쪽.

박영민, 「자치시대 지역 운동과 '장소의 정치'」, 『공간과 사회』 5, 1995, 171~195쪽.

조선총독부 체신국, 「俗稱地名一覽表」(『체신국보』 제1467호, 1917년 7월 1일)

越智唯七, 『新舊對照 朝鮮全道府郡面里洞名稱一覽』, 1917.

인천광역시 역사자료관 역사문화연구실, 『역주 인천개항25년사』, 2004(信夫淳平·加瀨和三郎, 1908, 『仁川開港25年史』).

인천광역시 역사자료관 역사문화연구실, 『역주 인천향토지』, 2005(仁川 敎育會, 1932, 『仁川鄕土誌』), 2005.

인천광역시 역사자료관 역사문화연구실, 『(증보) 역주 인천개항25년사

』, 2008(信夫淳平・加瀬和三郎, 1908, 『仁川開港25年史』).

인천광역시 역사자료관 역사문화연구실, 『역주 인천과 인천항』, 2009
(港灣協會仁川協贊會, 1925, 仁川).

인천광역시 역사자료관, 『역주 인천사정』, 2008(靑山好惠, 1892, 『仁川事
情』, 朝鮮新聞社).

인천광역시 역사자료관, 『역주 최신의 인천』, 2008(平井斌夫, 1912, 『最
新の仁川』, 滿鮮實業社).

인천대학교 인천학연구원, 『신찬 인천사정』, 2007(所川雄三, 1898, 『新撰
仁川事情』, 朝鮮新聞社).

전종한, 「내포 지역 읍성 원형과 읍치경관의 근대적 변형: 읍성취락의
사회공간적 재편과 근대화」, 『대한지리학회지』 39(3), 2003,
321~343쪽.

전종한, 「도시 뒷골목의 '장소 기억': 종로 피맛골의 사례」, 『대한지리
학회지』 44(6), 2009, 779~796쪽.

전종한, 「근대이행기 경기만의 포구 네트워크와 지역화과정」, 『문화역
사지리』 23(1), 2011, 91~114쪽.

朝鮮總督府, 仁川府內圖, 1928.

조우성, 「인천의 역사 어떻게 볼 것인가」, 화도진 도서관 인천학 강좌
자료집, 2009a.

조우성, 「일제 강점기 인천의 지명 실태」, 『인천역사 제6호: 인천 지명
의 재발견』, 2009b, 49~63쪽.

최성연, 『開港과 洋館歷程』, 동아사, 1959.

홍성철, 『유곽의 역사』, 페이퍼로드, 2007.

Hartshorne, R., *Perspective on the Nature of Geography*, Association of the American Geographers, Rand McNally, Chicago, 1959.

Lukerman, F., Geography as a Formal Intellectual Discipline and the Way in which it Contributes to Human Knowledge, *Canadian Geographers* 8(4), 1964, pp. 167~172.

Mitchell, D., New axioms for reading the landscape: paying attention to political economy and social justice, In Wescoat, J.L. and Johnston, D.(ed.), *Political Econimies of Landscape Change*, Dordrecht: Springer, 2008, pp. 29~50.

Relph, E., *Place and Placelessness*, Pion, London, 1976.

Rose-Redwood, R., et al., New directions in critical place-name studies, *Progress in Human Geography* 34(4), 2010, pp. 453~470.

Sauer, C. O. and Leighly, J., *Land and Life: a Selection from the Writings of Carl Ortwin Sauer*, University of California Press, Berkeley, 1963.

Yeoh, B., Street Names in Colonial Singapore, *Geographical Review* 82(3), 1992.

Yi-Fu Tuan, *Topophilia: A Study of Environmental Perception, Attitudes, and Values*, Prentice-Hall, NJ, 1974,

http://ja.wikipedia.org/wiki/ 검색어 本町, 검색일 2011. 7. 28

http://ja.wikipedia.org/wiki/ 검색어 松島艦, 검색일 2011. 7. 3

더 읽어볼 책들

• 안팎너머, 『역사지리학 강의: 처음 만나는 역사지리 열다섯 마당』,

사회평론, 2012.

왜 우리는 시간과 공간을 분리해서 생각하는가? 지도는 땅의 모양을 줄여 놓은 것인지 아니면 생각의 모양을 그려 놓은 것인지, 왜 한국에는 봉화산이 47개나 있는지, 외국에는 다 있는 거대한 전통 건축물이 유독 우리에게는 드문지, 옛날 교회와 성당이 언덕배기에 있는 이유, 종로의 뒷골목인 피맛골은 정말 어떤 공간이었는지, 역사와 지리, 둘 중 어느한 쪽만으로는 보이지 않던 것들이, 역사지리학이라는 눈으로 볼 때 선명하게 보이기 시작한다는 사실을 다양한 사례와 함께 제공한다.

• 한국문화역사지리학회, 『지명의 지리학』, 푸른길, 2008.

지명은 사람들이 주변의 지표, 취락, 지형, 하천 등에 붙이는 고유한 이름으로 문화적 의미를 지닌다. 이 책은 지명이 직접적으로 인식된 공간 형태를 나타내기도 하고, 정치적 변화의 역사를 반영하기도 한다는 점을 강조한다. 그뿐만 아니라 민속이나 인구 이동, 언어의 확산과 음운 변화, 지표를 점유한 인간의 환경에 대한 지각과 변경, 환경에 대한 인간의 가치 평가와 관념 등 다양한 문화를 반영하는 일종의 문화유산임을 주장한다. 이 책은 창립 20주년을 맞은 한국문화역사지리학회가 그동안의 지명에 대한 연구 성과를 한데 묶은 것으로, 우리나라 지명 연구의 현재와 미래의 방향을 제시하고 있다.

• 한국문화역사지리학회, 『한국역사지리』, 푸른길, 2011.

이 책은 역사지리학 분야의 중견 학자 11명이 연구 성과를 계통적으로 종합하여 엮은 한국역사지리 개론서이다. 제1장에서는 역사지리학의 본

질과 접근 방법에 대하여 다루었고, 제2장에서는 한민족의 기원과 형성 과정, 제3장에서는 영토와 행정 구역, 제4장에서는 전통적 자연관에 대해서 고찰하였다. 제5장에서는 공간의 표상인 고지도, 제6장에서는 지역 정보의 보고인 지리지, 제7장에서는 인구 현상의 시간적 변화, 제8장에서는 농업과 농업 공간의 변천 과정을 살피고 있다. 제9장에서는 촌락의 형성 과정과 발달, 제10장에서는 도시의 입지와 구조의 변천에 대하여 고찰하였다

· 전종한, 『종족집단의 경관과 장소』, 논형, 2005.

이 책은 우리나라의 성씨집단인 종족집단을 사례로 역사지리학이 경관과 장소라는 주제를 어떻게 다루고 설명하는지 구체적으로 보여준다. 우리의 국토 공간에는 종족집단의 경관과 장소가 산재한다. 일제 강점기를 지나면서 우리의 기억은 종족집단이라는 용어조차 망실해 버렸지만 그들이 생산해 온 경관과 장소는 여전히 종족집단의 일원으로 살아가고 있는 우리들의 장소정체성을 이야기하고 있음을 설명한다. 우리 각자의 성 앞에 붙여 본관으로 사용하는 지명은 먼 조상의 실제 거주지인가 아니면 상상 속의 허구인가? 종족집단들은 왜, 어떤 맥락에서 종족마을을 만들어 냈을까? 계곡에 자리한 정사와 서원은 과연 순수한 학문 탐구의 장소였을까? 절벽 끝자락 정자에서는 자연을 감상하는 대신 당대의 사회와 정치를 곱씹어 읽었던 것은 아닐까? 이 책은 종족집단을 둘러싸고 전개된 경관과 장소의 파노라마와, 그 순진한 의미의 저편에 감추어진 권력과 지식의 관계, 이데올로기와 담론의 세계를 이야기한다.

소통과 불통의 이중주, 병인·신미양요의 전적지 순례

유창호

인하대학교 사학과를 졸업한 뒤, 같은 학교 대학원에서 박사를 수료했다. 현재 인하대학교 한국학연구소 연구원으로 재직 중이다. 「20세기 초 경기도 통진군 '보구곶' 마을 사람들의 생활 양태」, 「백령·대청도를 바라보는 전통과 근대의 시선」 등 한국근대사에 관한 논문이 있다.

소통과 불통의 이중주, 병인·신미양요의 전적지 순례

1. 강화도 가는 길

강화도 답사를 하기 전에는 항상 고민되는 일이 있다. 강화도의 두 다리(강화대교와 초지대교) 중 어느 다리로 건널 것인가 하는 고민이다. 이는 서울의 교통체증을 피하고자 강변북로와 올림픽대로를 선택하여야 하는 문제와 같은 뜻이 아니다. 강화도는 하나의 독립된 섬으로만 존재하는 것이 아니라 수도권과 긴밀하게 연결된 유기체와 같아서 섬과 육지를 연결하는 두 다리 중, 어느 한 곳을 놓치면 강화도는 반쪽 밖에 이해할 수밖에 없다. 이처럼 강화도의 두 다리는 단순한 교통시설이 아닌 한국사를 가로 지르는 소통과 불통의 역사 현장이다.

과거 강화도로 들어가기 위해서는 반드시 두 가지 방법 중에 하나를 선택해야만 했다. 육로로 김포와 통진을 거쳐 갑곶나루에서 나룻배를 타거나, 아니면 직접 서울의 마포나 양화진부터 배를 타고 출발하여 조강나루를 거친 후 갑곶으로 들어가는 강운江運의 방법이 그 하나요, 인천의 월미도에서 작약도와 호도, 세어도, 황산도를 거친 후 초지진으로 들어가는 해운海運의 방법이 나머지 하나이다. 지금 강화도를 더 이상 섬 아닌 섬으로 소통시키고 있는 두 다리는 과거 강과 바다를 통해 소통하던 장소에 각각 하나씩 세워져있다. 그러나 이 두 다리는 단지 소통의 장소만은 아니었다. 외세의 압력 속에서 발생한 불통의 극단적 해결 방법인 전쟁의 상흔도 지니고 있다. 특히 19세기 말 우리가 흔히 양요洋擾로 부르는 전쟁에서 이 두 다리는 프랑스군과 미군이 각각 상륙한 지점이기도 하다.

1866년 9월, 프랑스의 '중국해 및 일본해 해군 분견대' 사령관인 로즈(Roze) 제독으로부터 조선의 수도 서울로 통하는 수로를 탐사하라는 임무를 받은 보쉐(Bochet) 함장은 작약도를 출발하여 초지진을 거쳐 염하鹽河를 소항溯航하여 강화해협의 입구를 처음으로 발견하였다. 즉 강화는 인천에서 염하로 들어가는 '바다의 강'과 강화 북단 조강에서 한강을 통해 서울로 들어가는 '육지의 강'이라는 두 개의 수로가 있음을 알아낸 것이다. 이러한 정보를 토대로 1866년 프랑스군은 '육지의 강'을 통해 현재 강화대교가 있는 갑곶으로 상륙하였고, 1871년 미군은 '바다의 강'을 통해 현재 초지대교가 있는 초지진에 상륙하였다.

이 글에서는 김포 통진에서 강화대교를 건너 월곶진부터 초지진까지 동쪽 해안선을 따라 남으로 이어진 전쟁 유적지를 살펴보도록 하겠다. 아울러 초지대교를 건너 인천으로 돌아갈 때까지도 프랑스와 미국의 전함들이 항해한 바닷길을 유추해보며 강화도에서 벌어진 이 두 차례의 전쟁이 우리에게 남긴 유산에 대해 생각해 보도록 하겠다. 강화도는 우리에게 아직까지도 끝나지 않은 전쟁의 최전방에 위치하고 있다.

〈그림 1〉 애기봉 전망대에서 바라본 조강

2. 양이洋夷가 인후지지咽喉之地를 범하다

고려시대 이후로 강화는 서울을 지키는 금성탕지金城湯池의
요새였다. 일찍이 고려시대 문인 최자崔滋는 「삼도부三都賦」에
서 강도江都를 "안으로는 마니摩尼·혈구穴口의 첩첩한 산이 웅
거하고, 밖으로는 동진童津·백마白馬의 사면 요새要塞에, 출입
을 단속함에는 동편의 갑화관岬華關, 외빈外賓을 맞고 보냄엔
북쪽의 풍포관楓浦館이니, 두 화華가 문턱이 되고 두 효崤가 지
도리[樞]가 되니, 참으로 천하에 중심이네"라며 개경과 서경
을 뛰어넘는 천하의 요새이자 교통의 중심지로 찬미하였다.

통진의 수유현을 넘어 강화대교를 마주보면 강화의 험한
산세도 산세이지만 다리 밑으로 소용돌이를 일으키며 흐르
는 거센 물결 또한 인상적이다. 오죽하면 고려왕을 쫓아온
몽골 병사들이 "(우리) 갑옷만 쌓아 놓아도 건널 수 있겠다"
던 갑곶甲串나루를 건너지 못했겠는가.

갑곶에서 북쪽으로 해안을 따라 5㎞ 정도를 가면 더욱
인상적인 장소가 나타난다. 야트막한 구릉 위로 작은 성채
가 둘러싸인 월곶月串이 그곳이다. 조선시대 이곳은 삼남三南
과 해서海西의 세곡稅穀을 실은 조운선漕運船, 그리고 땔감과 팔
도의 각종 산물을 실은 상선商船들이 반드시 거쳐야만 하는
곳이었다. 이곳에서 호조戶曹의 점검을 받고 물때를 맞추어

서울로 들어갔다. 해운海運이 아닌 강운江運이 시작되는 곳이
므로 작은 배로 환적하는 일도 빈번하였다. 따라서 이곳은
짐꾼과 사공, 상인들로 항상 들썩이는 포구였다.

1866년 9월 24일 프랑스의 두 전함, 데룰래드호와 따르디
프호가 염하를 소항하여 연미정 앞에 나타났다. '불로 움직
이는 배[火輪船]'인 두 전함은 바닷물과 강물이 교차하는 이
곳을 아무런 제한 없이 통과하며 이튿날 양천현의 염창항鹽
倉項에 이르렀다. 강화도와 한강연안에 살고 있는 주민들에
게는 시커먼 연기를 내뿜으며 물때도 상관없이 거슬러 오
르는 이양선이 공포와 경이의 대상이 아닐 수 없었다. 기록
에 의하면 수만의 구경꾼들이 인산인해를 이루며 이 모습

〈그림 2〉 연미정(2012년 10월 20일 강화도 현장 답사)

을 지켜보았다고 한다. 프랑스의 두 전함은 9월 26일 양화진楊花津을 거쳐 서강西江까지 올라와 수로를 탐측하고 산천을 측량한 후 돌아갔다.

강화의 요새와 험한 조류, 그리고 거센 강물이 서울을 방어해 줄 것이라는 수백 년간의 믿음은 프랑스 전함의 내침으로 순식간에 무너져 버렸다. 조선배 몇 척이 서울 접근을 막으려 하였으나 프랑스 전함의 포격으로 도망가기에 급급하였다. 프랑스 전함이 돌아간 후에도 서울의 민심은 더욱 흉흉해졌고, 세곡선들이 통행을 못하므로 쌀값은 폭등하였다. 그리고 도성을 떠나는 피난 행렬이 줄을 이었다.

프랑스 함대의 1차 침입의 충격이 가시기도 전, 1866년 10월 12일 해군 소장 로즈 제독이 이끄는 대함대가 조선의 연해에 다시 나타났다. 총 7척의 전함과 1,000명의 병력이 입파도를 거쳐 인천의 작약도와 호도 사이에 정박한 것이다. 그리고 10월 14일 강화도의 갑곶진과 제물진에 상륙작전을 개시하여 별다른 저항 없이 고지를 점령하였다.

프랑스의 원정 목적은 명확하였다. 그해 1월 9명의 프랑스 신부들(베르뇌, 푸르티에, 프티니콜라, 브르트니에르, 볼리외, 도리, 다블뤼, 오메르트, 위앵), 그리고 수천 명에 달하는 조선인 천주교도들을 처형한 데에 대한 철저한 보복이었다. 그리고 이미 1856년 게랭(Guerin) 함대의 조선 해역 탐사 당시에 나왔던 조선의 식민지화 계획도 숨기지 않았다. 그러나 이들은 외세에 반대하는 조선의 강렬한 저항을 간과하였다. 1844년 영국이 아편전쟁을 일으켜 조선의 종주국 중국을 일순간에 굴복시켰듯이, 1853년 미국의 페리 제독이 일본을 단지 대포 13발로 무릎 꿇게 만들었듯이, 강화도를 거점으로 해안을 봉쇄하는 무력시위만 한다면 조선을 쉽게 굴복시킬 수 있으리라고 오판했던 것이다. 프랑스 함대가 내항하면 천주교인들을 비롯하여 대원군 정권에 핍박받는 무리들이 일제히 봉기할 것이라는 선교사들의 보고도 이러한 오판을 거들었다. 그러나 프랑스의 이러한 예측은 하나도 이루어지지 못했다. 오히려 전국적으로 강렬한 척화론만이 대두할 뿐이었다. 기호畿湖 유림에서 명망이 높던 화서華西 이항로李恒老의 상소가 이를 말해준다.

오늘날의 국론(國論)은 두 가지 설이 서로 다투고 있는데, 서양 적과 싸우자는 것이 나라의 입장에 선 사람의 말이고 서양 적과 강화하자는 것이 적의 입장에 선 사람의 말입니다. 앞의 말을 따르면 나라 안에 전해 내려 온 문물제도를 보전할 수 있지만 뒤의 말을 따르면 인류가 금수(禽獸)와 같은 지경에 빠지게 될 것이니, 이는 커다란 분계점입니다. …(중략)… 나라의 입장에 선 논의를 주장하는 사람들도 또 두 가지 설이 있는데, 그 하나는 싸워 지키자는 설이고 또 하나는 오랜 도읍지를 떠나자는 설입니다. 신의 생각으로는 싸워 지키는 것은 떳떳한 도리이고, 도읍지를 떠나는 것은 임기응변의 방편입니다. 떳떳한 도리는 사람들이 모두 지킬 수 있지만 임기응변은 성인(聖人)이 아니면 제대로 할 수 없는 것입니다.

『일성록』 고종 3년(1866) 9월 12일

당시 국론이 주화론과 척화론으로 분열되어 있던 상황에서 이항로는 서양과 싸우는 길만이 나라의 입장[國邊人]을 따르는 길이라고 하여 강화론을 일축하였다. 또한 서양과 싸우는 방법에서도 오직 '싸워 지키는[戰守] 방법' 밖에 없음을 역설하였다. 백성의 피해를 줄이기 위해 주나라 태왕인 고공단보古公亶父가 빈邠 땅을 떠난 것처럼 천도遷都를 생각할 수 있겠으나 이는 임기응변에 불과할 뿐이고 임금과 신하 모두 서울을 지키며 싸우자고 주장한 것이다.

이러한 이항로의 척화론은 곧바로 대원군에게 수용되었다. 이항로의 상소가 있은지 이틀 후, 대원군은 의정부를 통해 4개 조의 양이책을 발표하였다. 첫째, 괴로움을 참지 못하고 화친을 허락하면 이는 나라를 팔아먹는 것이다. 둘째, 괴로움을 참지 못하고 교역을 허락하면 이는 나라를 망하게 하는 것이다. 셋째, 적이 서울에 육박했다고 천도를 한다면 이는 나라를 위태롭게 하는 것이다. 넷째, 괴술怪術이 있어 육정육갑六丁六甲으로 귀신을 불러 적을 물리친다해도 뒷날의 폐해는 사학邪學보다 더 심할 것이다.

이처럼 대원군은 이항로의 상소를 좀 더 구체화시켜 민심을 통제하였다. 천주교뿐 아니라 장차 민란의 소지가 있는 각종 사술邪術도 엄금시켰다. 대원군의 강력한 척화론은 실제로 도성 안의 민심을 수습시켰다. 그러나 외부의 적을 내부의 통제를 통해 물리친다는 그의 척화론은 또 다른 희생자들을 만들었다. 천주교도 색출이라는 마녀 사냥이 시작된 것이다. 프랑스의 침입으로 전국에서 희생된 천주교도들은 적어도 1만 명에 달했다고 한다.

3. 보이는 것과 보이지 않는 것

강화도 덕진진德津鎭에 가면 해안 절벽에 "바다의 입구를 막아 지키니 타국의 선박은 삼가 통과치 마라[海門防守他國船慎勿過]"고 쓰인 경고문을 볼 수 있다. 병인양요 때와 같이 강화해협을 봉쇄당하고 서울의 코앞까지 유린당한 과거를 되풀이하지 않겠다는 결사 항전의 의지를 나타낸 것이다. 그러나 불과 5년 후인 1871년 6월 1일 미국의 함대가 프랑스군이 그린 해도를 따라 똑같이 염하를 거슬러 올랐다. 미국의 함대가 이 해문방수비를 보았을지는 전해지는 기록이 없어 알 수 없다. 그들은 중국인 통역관을 대동하였으므로 혹시 이 해문방수비를 보았다면 그 내용이 어떤 것임을 충분히 알 수 있었을 것이다. 그러나 설령 그들이 이 해문방수비를 보았더라도 그들의 임무를 막을 아무런 장애는 되지 않았다. 미군들이 눈여겨 본 것은 따로 있었다. 광성보廣城堡의 손돌목 돈대에 휘날리는 거대한 황색 깃발이 그것이다.

높은 파고와 암초 수렁으로 뒤덮인 손돌목을 통과하면서 양안의 요새들을 바라본 미군들은 긴장하지 않을 수 없었다. 어느 미군 장교는 "이 지점은 요새화한 곳으로 수많은 깃발이 나부끼고 있었고, 그 뒤에는 흰옷 입은 조선 수비병이 술렁이고 있었다"고 광성보에 대한 첫 인상을 말하였다. 그 중에서도 요새지에 무수히 꽂혀있는 오방기五方旗 안에 있는 거대한 수자기帥字旗는 매우 인상적이었던 것 같다. 쌍안경으로 수자기의 글자를 보고 중국인 통역관으로부터 그 의미가 조선군 사령관이 있는 곳이라는 사실을 확인하게 됨으로써 손돌목 돈대는 신미양요 최대의 격전지가 되고 말았다.

손돌목 돈대의 수자기는 신미양요가 끝난 후 미국이 전리품으로 가져갔다. 참전 군인인 틸톤 대위는 집으로 보내는 편지에서 당시 상황을 다음과 같이 묘사하고 있다.

나와 내 직속 하사 한 사람(브라운) 그리고 알래스카호 소속 해병대 한 사람(퍼비스) 등 세 사람이 광성보 손돌목 돈대 위에 높다랗게 펄럭이고 있는 대형 황색기(수자기)를 탈취하였소. 알래스카호 소속 해병은 거기에 두 번째로 돌입한 용사이며, 그가 밧줄을 풀고 있는 동안 나와 내 직속 하사는 대형 황색기를 내리고 말았소. 이 기는 약 12피트 평방으로 중앙에 흑색으로 한자(漢字) 수자(帥字)를 써놓았소. 오늘 제독은 수자기를 배경으로 우리 세 사람이 함께 사진을 찍으라고 명령했소.

「틸톤의 강화도 참전수기」 중에서

이처럼 덕진진의 해문방수비와 손돌목의 수자기는 우리의 존재를 알리는 기호라는 점에서 같았으나 미군들은 하나는 보고 하나는 보지 않았다. 아니 보지 않으려 했다. 타국의 선박은 물론이요 자국의 모든 공·사선公·私船도 통행증[路引]이 없이는 함부로 통행하지 못하는 곳을 그들은 비웃기라도 하듯 무시해 버렸지만 수자기는 정복의 대상, 전리품으로 공과를 올릴 대상으로 눈여겨보았다. 수자기는 미국 애나폴리스의 해군사관학교 박물관에 기증되었다가 2007년 10월, 10년간의 장기 대여 형식으로 136년 만에 귀환하였다.

〈그림 3〉 덕진진의 해문방수비

〈그림 4〉 136년 만에 귀환한 '수(帥)'자기

출전: 《중앙일보》 2007년 10월 22일자

4. 대원군과 박정희

광성보를 지나 손돌목 돈대로 올라가는 언덕길에는 신미 양요 당시 미국 종군기자가 촬영한 사진들이 전시되어있다. 우리나라에서 촬영된 최초의 사진으로 포탄에 맞아 쓰러진 조선 병사들의 처참한 모습이 사실감 있게 나타나 있다. 이를 지켜보는 답사객 모두는 몸서리를 치지 않을 수 없다. 당시 상황을 어느 미군은 다음과 같이 기술하고 있다.

광성보를 함락함에 있어서 미군의 작전은 힘겨운 것이었다. 이곳은 강화의 요새 가운데 가장 요충지이기 때문에 조선 수비병들은 결사적으로 싸웠다. 더군다나 이 성안에는 범 사냥꾼들이 있었는데, 만약 이들이 적이 두려워서 도망간다면 조선 백성들에게 죽음을 당하기 때문이다. …(중략)… 그들은 흉장(胸墻)으로 기어 올라와서 돌을 던져 미군의 진격을 저지하려 했다. 그들은 창과 검으로 공격했다. 그러나 대부분 무기도 없이 맨주먹으로 싸웠는데, 모래를 뿌려 미국 침략군의 눈을 멀게 하려 하였다. 그들은 끝까지 항전하였고, 수십 명은 탄환에 맞아 강물 속으로 뒹굴었다. 부상자의 대부분은 해협으로 빠져 익사했다. 어떤 자는 목을 찔러 자살하거나 스스로 강물에 뛰어들었다.

미국은 광성보 전투에서 희생된 조선군이 총 350명이라고 공식 집계하였다. 이중 스스로 강물에 뛰어든 자가 100여 명이라고 한다. 반면 조선측 기록은 진무중군 어재연魚在淵을 비롯해 53명이 전사하고 24명이 부상당했다고 기록하고 있다. 미군은 3명의 전사자와 10명의 부상자가 나왔다. 대부분의 역사가들은 미국측의 기록을 더 신뢰한다. 조선 정부가 신미양요를 패배한 전쟁이 아니라는 인상을 심어주기 위해 사상자 수를 축소하였을 가능성이 크기 때문이다. 광성보를 점령한 미군은 수자기를 비롯한 군기 50개와 각종 대포 481문을 전리품으로 노획하고 광성보 안의 모든 시설을 파괴, 방화한 후 철수하였다. 초지진으로 상륙하여 덕진진과 광성보를 점령하고 작약도의 정박지까지 돌아오는 시간은 총 48시간에 불과하였다.

광성보 전투에서의 승리에도 불구하고 미국의 강화도 원정은 결과적으로 실패하고 말았다. 미국은 프랑스와 달리 원정의 목적을 조선의 식민화에 두지 않았다. 그들의 원정은 순전히 통상에 두었으므로 일본과 달리 완강히 저항하는 조선에서 장기적인 원정은 부담스러울 수밖에 없었다. 따라서 7월 3일 미국의 로저스 함대는 한반도에서 철수하고 만다.

신미양요는 미해전사에서 빛나는 전승으로 기록되었지만, 미군의 철수는 곧 조선의 승리로 대내외에 선전되어졌다. 중국으로도 미군의 패배 소식이 순식간에 퍼져 배외사상이 들끓게 되었다. 더욱이 조선 안에서는 우리의 문화가 우월하다는 자부심과 신념이 국민의식으로까지 퍼지고 말았다. 서울 종로와 각 도회지에는 "서양 오랑캐가 침범하여 올 때 싸우지 않으면 화친하자는 것인데, 화친을 주장함은 나라를 팔아먹는 짓이다[洋夷侵犯 非戰則和 主和賣國]"라고 새겨진 척화비斥和碑가 세워졌다.

광성보 전투에서 대포알 10개를 좌우손에 쥐고 적군에게 던지며 끝까지 항전하다 순국한 어재연 장군도 국가적 영웅으로 추도되었다. 사후 그는 병조판서지삼군부사로 특증되었고, 충장공忠壯公이라는 시호가 내려졌다. 뿐만 아니라 그해 8월에 치러진 장례식은 대원군이 조정 중신과 함께 참여하는 거국적인 행사가 되었다.

광성보에는 1873년 강화의 대소민인大小民人이 세웠다는 「어재연·어재순 순절비」가 있다. 그 내용을 살펴보면 다음과 같다.

늠름한 충성과 용맹 해와 달처럼 빛나고,
형제가 빈종이 되어 죽음을 집으로 돌아가는 듯 여기네.
형은 나라를 위해 아우는 형을 위해 죽으니,
한 가문의 충성과 우애 백세에 이름 날리리라.

어재순은 어재연의 동생으로 전투 소식을 접하고 필마로 달려와 형을 도우며 함께 싸우다 순국한 인물이다. 사후 형과 함께 이조참의로 증작되었다.

〈그림 5〉 어재연·어재순 순절비

한편 순절비 옆에는 현대적 양식으로 조형된 「신미양요순국무명용사비」가 눈길을 끈다. 1978년 9월 이선근이 지은 비문의 내용 중 일부를 인용하면 다음과 같다.

박정희 대통령께서는 일찍이 몽고군에 대한 항전에서부터 면면히 이어오는 이곳 강화도 전적지에 깃들어 있는 호국 정신을 민족사에 길이 남기기 위해 이곳을 국방 사적으로 정화토록 지시하시고 서기 一九七七년 十월 二八일 그 준공 현지를 돌아보신 뒤 당시 장군의 묘비는 남아 있으나 용감히 분전 순사한 병졸들은 이름마저도 전하지 않은 것을 애석히 생각 하시고 이곳에 신미양요 순국 무명용사비를 세우도록 분부하셨다. 지나간 역사의 전사 기록은 지휘관을 중심으로 한 전황과 전공의 기록이며 병사들의 전공은 남아 전해오는 예가 드문 것을 상기할 때 박정희 대통령의 이 분부는 참다운 민주적 평등사상에서 우러난 배려라 하지 않을 수 없다.

'병졸들은 이름마저도 전하지 않은 것을 애석히 생각'했다는 것과 '참다운 민주적 평등사상'이라는 말이 눈길을 끈다. 10월 유신과 월남 패망으로 위기에 몰린 박정희 정권이 '호국 정신'을 일깨우는 국민교육의 장으로 광성보의 전적지를 되살려 놓았다.

박정희는 피살 전까지 강화도의 전적지를 수시로 들렀다. 1979년 5월 25일 광성보에서 100여 명의 대학생을 만난 자리에서 박정희는 "우리 조상들이 이 땅을 지키기 위해 목숨을 아끼지 않았는데 후손들이 이를 잘 기리도록 해야지 그렇지 않으면 다음세대들이 나라를 위해 목숨을 바치겠다는 생각을 하지 않을 것"이라고 말하고, "갈 때 무명용사비에 묵념을 올리고 가도록 하라"고 당부 하였다고 한다.

대원군과 박정희는 시대적으로 100년의 시간 차이가 나지만 독재자라는 면에서, 부국강병을 꾀했다는 점에서 서로 닮아 있다. 또한 대원군은 외세와 싸우기 위해 강화도를 강력한 국방의 요새로 만들었고, 박정희는 그 '호국정신'을 되살리는 국민교육의 관광지로 만들었다. 그러나 그 이면에는 철저히 억압받은 사람들이 있었음을 잊지 말아야 할 것이다. 대원군 시대의 천주교도들과 박정희 시대의 민주화 세력이 바로 그들이다. 프랑스군이 강화도를 침공하였을 때 천주교인들은 숨죽이며 만세를 불렀고, 박정희가 피살되었을 때 민주주의 세력은 남몰래 환호하였다. 우리는 강화도에서 진정한 국민통합과 애국정신이 무엇인지 되새겨 보아야 한다.

〈그림 6〉 신미양요순국무명용사비

5. 불통 속의 소통

초지대교를 통해 강화도를 벗어나 해안도로를 타고 아라뱃길을 건너면 인천이다. 이때 청라지구라 불리는 거대한 신도시를 만나는데, 이곳은 원래 바다를 막아 건설한 매립지이다. 과거 프랑스와 미국 전함들이 움직였던 뱃길이 육지가 된 것이다. 그러나 이러한 매립지에도 신미양요기의 역사적인 장소가 있다. 현재 거대한 정유공장이 들어서 있는 율도 앞이 바로 그곳이다.

인천 앞 바다에 정박하며 호기롭게 통상을 요구하던 미국은 광성보 전투 이후 일체의 조선과의 공식적 접촉이 불가능해졌다. 그러나 20명에 이르는 조선군 포로 문제가 남아 있었을 뿐 아니라 서로간의 전쟁 책임 문제를 성토하기 위해 율도(일부 학자는 호도라고도 주장함) 해변에서는 소위 '장대외교'라 불리는 비공식적 접촉이 이루어졌다. 전쟁이라는 불통의 극한 상황 속에서도 실낱같은 소통이 이루어진 것이다.

'장대외교'란 율도 해변 백사장에서 기다란 장대 꼭대기에 편지를 꽂아 놓으면 상대방이 편지를 찾아가는 기이한 소통의 방법이다. 6월 12일 부평부사 이기조李基祖는 미군의 강화도 상륙을 비난하는 편지를 장대에 꽂았다. 편지의 일부 내용을 소개하면 다음과 같다.

지금 보건대 (당신들은) 겉으로 우목(友睦)의 말을 칭하고 안으로 궤휼(詭譎)의 계획을 품고 있음을 이에 알겠다. 급기야 하륙하여 재주를 모조리 드러내어 공공건물을 불태우고 재물을 겁탈하여 추호도 남김없이 빼앗아갔다. 이것은 도적과 간첩의 행동이다. …(중략)… 자칭 화호하러 왔다며 예의로 대우하기를 바라는 자가 이와 같은가? 우리나라의 삼척동자도 모두 침을 뱉을 뿐 아니라 천하 사람들 중 누가 분노하며 배척하지 않으랴? 국명을 받들고 다른 나라와 우호를 맺으러 왔다는 자가 하는 짓이 이같은 일을 일으킬 줄은 생각하지 못했다.

『동문휘고』 원편, 동치 10년 4월 25일

이기조의 편지는 표현상 과격한 격서의 형태를 띠고 있으나 그 내용에서는 도의적인 비판에 머물 뿐 보복전을 펼치겠다거나 전면전을 펼치겠다는 내용이 없다. 이는 군사력의 열세를 깨닫고 더 이상의 확전을 피하겠다는 정부의 전략을 나타낸다. 이에 대해 미국의 로우 공사(베이징 주재 공사)는 조선 국왕에게 보내는 친서를 작성하여 전달해 줄 것을 요구하였다. 친서의 내용은 다음과 같다.

우리 정부는 전쟁이나 정복을 추구하지 않는다. 우리는 귀국 영토의 자그만 땅이라도 점거·획득을 원하지 아니하며, 귀국 백성을 정복하고자 아니한다. 뿐만 아니라 귀국의 제도를 혼란시키거나 국내 문제에의 간여를 원치 아니한다. 우리는 귀국의 국왕을 '독립국가의 군주'로 대하며 우리나라와 우호관계 수립을 원한다. 우리는 모든 나라와 평화관계를 원한다. 다만 어떠한 공격이라도 이를 정당화하지 아니하며, 이유없는 부당한 공격이나 모욕을 가해올 때에는 이에 적절한 배상을 요구하게 된다. 우리 미국 시민이 만약 타국의 법률과 관례를 위반하였을 시에는 우리는 그를 체포해서 징벌한다. 그러나 범법자를 체포해서 재판한다는 협정체결을 하지 않는 한, 이러한 조치를 취할 수 없다. 그런데 이러한 협정은 청·일 양국과는 이미 체결되어 있는데, 조선과는 체결하지 못할 이유가 무엇인가? 이러한 문제를 협의·체결하고, 동시에 조선 해안에 표류·조난할지 모를 선원을 보호 구조하기 위한 조치를 강구하기 위하여 본인은 이곳에 온 것이다.

이러한 미국의 요구에 대해 조선측의 답변은 시종 일관된 것이었다. 종주국(중국)의 허락이 없는 한 통상할 수 없다. 그리고 조난 선원의 구휼은 이미 유원지의柔遠之義에 의해 국법으로 시행하고 있으므로 따로 조약을 체결할 필요가 없다는 것이었다. 뿐만 아니라 부평부사 이기조는 로우 공사의 친서 접수조차 거부하였다. 20여 일간 십여 차례에 걸친 '장대외교'는 서로 간에 아무런 소득도 없이 이어지다가 7월 3일 미군은 완전히 철수하고 말았다.

19세기 후반 강화도에서 벌어진 두 차례의 서양 제국과의 충돌은 결국 일본에 의한 식민화라는 비극적 결론으로 끝을 맺고 말았다. 그러나 이러한 비극이 단지 세상 물정에 어두웠던 우리의 탓이기만 한 걸까? 과거 남연군의 묘를 파헤친 오페르트나 젠킨스와 같은 국제적 사기꾼들의 위협은 오늘날에도 이루어지고 있다. IMF시절 악명 높았던 글로벌 '먹튀 자본'들을 생각해 보라. 강화도는 여전히 이러한 역사적 교훈을 우리에게 일러주는 산 교육장이다.

〈그림 7〉 초지진(2012년 10월 20일 강화도 현장 답사)

더 읽어볼 책들

· 김명호, 『초기 한미관계의 재조명』, 역사비평사, 2005.

제너럴 셔먼호 사건에서 신미양요에 이르는 초기 한미관계를 고찰한 책이다. 선행 연구를 검토하고 관련 사료를 분석함에 있어 미국측 동향에 못지않게 우리측 대응을 중시하였다. 초기 한미관계에 관여한 우리측의 핵심인물로 박규수를 복원하였다는 점이 가장 큰 성과이다.

· 김원모, 『근대한미관계사: 한미전쟁편』, 철학과 현실사, 1992.

프랑스와 미국의 다양한 외교문서와 참전기 등을 발굴하여 19세기 제국주의 흐름 속에서 신미양요의 성격을 규명한 연구이다. 저자는 1871년 미국의 조선원정이 미국해군이 아시아 태평양 지역에서 벌인 전통적인 포함외교 책략에 입각해서 실시되었다는 사실에 주목하고 이 사건을 단순한 충돌 사건이 아닌 '한미전쟁'으로 명명하고 있다.

· 김용구, 『약탈 제국주의와 한반도: 세계외교사 흐름 속의 병인·신미양요』, 도서출판 원, 2013.

세계외교사 흐름 속에서 병인·신미양요를 바라본 책으로 『세계관 충돌과 한국외교사』(2001)의 후속작이다. 저자는 두 사건을 섬멸전의 명분으로 무장한 서양의 공권력과 처음으로 충돌한 사건으로 보고 결과적으로 '전쟁'이 아닌 '침략'이었음을 논증하고 있다. 또한 당시 한반도의 상황을 약탈제국주의 침탈의 끝자리임과 동시에 파행적인 세계화의 완성을 알리는 시작이 되었다고 주장한다.

- 연갑수, 『대원군집권기 부국강병책 연구』, 서울대학교출판부, 2001.

기존에 쇄국론자로만 알려진 대원군을 부국강병론자로 복원한 연구이다. 천주교 박해와 병인양요에 대한 종래의 학설에서 벗어나 대원군이 프랑스·미국·러시아 등과 적극적인 외교활동을 벌였으며, 일련의 정치·군사·재정 개혁을 통해 부국강병을 추구하였음을 논증하였다. 그러나 저자의 견해가 단순한 가설의 경지를 넘어섰는가는 의문의 여지가 있다.

- H. 쥐베르, CH. 마르탱, 유소연 역, 『프랑스 군인 쥐베르가 기록한 병인양요』, 살림출판사, 2010.

병인양요와 직접 혹은 간접적으로 관련된 인물들의 기록으로 병인양요를 바라보는 '그들'의 시각을 여과 없이 보여준다.